"Fiquei tão hipnotizada por este livro que simplesmente não conseguia largá-lo. Os conceitos que relacionam o cérebro ao desenvolvimento da Internet são uma combinação de visão e ficção científica. As histórias e os exemplos são tão convincentes que você fica vidrado na leitura até a última página."

— Pamela Goldberg, diretora do programa de Liderança Empreendedora da Universidade Tufts

"**Conectado pelas Ideias** é uma obra essencial para os executivos em busca de uma estrutura para refletir sobre o potencial da Internet. Este livro também apresenta o contexto para compreendermos por que os grandes êxitos e falhas da Web até aqui são apenas o começo. Jeff Stibel o remete **'de volta para o futuro'** com o primeiro olhar real sobre como a inteligência artificial exercerá uma forte influência sobre os novos rumos da Internet, sua nova cara e suas funções... Web 3.0-6.0, lá vamos nós!"

— John Richards, ex-presidente da Starbucks N.A., da Dean & DeLuca e da Elizabeth Arden.

"Finalmente, foi publicado um livro de ciência cuja leitura é agradável, um livro de negócios que é interessante e um livro de tecnologia que é prático – tudo reunido em um só lugar. As teorias essenciais de Stibel ajudarão o leitor a compreender como conviver com o fato de que a Internet está em constante mudança e saber aproveitar o que ela tem de melhor para os seus negócios."

— Jeff Coats, diretor administrativo aposentado, GE Capital

"Jeff Stibel é o homem do pensamento, comparado a Malcolm Gladwell. A compreensão dos conceitos presentes em **Conectado pelas Ideias** fará toda a diferença na confecção do plano de administração de Obama de digitalizar informações na área de saúde... considerando que esta é apenas uma das aplicações dos temas valiosos contidos neste livro."

— Ron Ahrens, Conselho de Administração, CardioNet; presidente aposentado da Closure Medical

"**Conectado pelas Ideias** é uma viagem mágica de mistério para leitores da área de negócios que abrange a ciência cognitiva, a evolução, a linguística e a ciência neural. Jeff Stibel prevê como a Internet está inevitavelmente se transformando cada vez mais em um cérebro global. Leia este livro para obter *insight* sobre os princípios da Web 4.0 que está a caminho."

— Jordan Pollack, professor de ciência da computação, Volen Center para Sistemas Complexos da Universidade Brandeis

"***Conectado pelas Ideias*** representa um grande salto para o futuro na medida em que avalia o poder da Internet. Ao associar a Internet às funções complexas do cérebro e às habilidades únicas de tomada de decisão, Jeff Stibel nos apresenta *insights* que mudarão a forma pela qual altos executivos preparam suas organizações para o sucesso sustentável. Este livro é leitura indispensável para qualquer pessoa responsável por estratégias de negócios que precise pensar criativamente sobre o futuro."

— Robert C. Blattberg, professor de *Marketing* da Timothy W. McGuire Distinguished Service, da Tepper School of Business, Universidade Carnegie Mellon, e autor de *The Marketing Information Revolution and Customer Equity*.

"***Conectado pelas Ideias*** oferece uma rara oportunidade de realmente compreender a Internet e como aproveitar seu potencial. Jeff Stibel apresenta *insights* singulares, associando com maestria a neurociência cognitiva e o mundo dos negócios."

— Itiel Dror, consultor-chefe da Cognitive Consultants International Ltd. e professor de Psicologia da Universidade de Southampton

"Na década de 1930, o jesuíta e paleontólogo francês Teilhard de Chardin escreveu que os seres humanos um dia estariam conectados por um sistema nervoso central. Agora, Jeff Stibel deu um nome a esse sistema – a Internet. Ao oferecer o contexto histórico e biológico apropriado do mundo familiar de mecanismos de buscas e cliques, o livro de Jeff Stibel apresenta uma gama de possibilidades e previsões fascinantes sobre o futuro. Esta é realmente uma obra de filosofia e ciência. ***Conectado pelas Ideias*** também é um manual prático de negócios, pois o autor explica como nosso cérebro coletivo funcionará no futuro e como organizações poderão se beneficiar disso."

— Dick Morris, estrategista-chefe do presidente Bill Clinton e autor do *best-seller Behind the Oval Office*, *Outrage* e *Fleeced*

"***Conectado pelas Ideias*** é fascinante, divertido e muito acessível. Ele me ofereceu novas visões e fortaleceu minha compreensão sobre o cérebro e a Internet."

— Ellen Marram, do Conselho de Administração do *The New York Times*, da Eli Lilly e da Ford; ex-presidente e CEO da Nabisco

CONECTADO PELAS IDEIAS

COMO O CÉREBRO ESTÁ MOLDANDO O FUTURO DA INTERNET

JEFFREY M. STIBEL

Com a colaboração de
Erik Calonius e Peter Delgrosso

www.dvseditora.com.br
São Paulo, 2012

CONECTADO PELAS IDEIAS
Como o Cérebro Está Moldando o Futuro da Internet

DVS Editora 2012 - Todos os direitos para a território brasileiro reservados pela editora.

WIRED FOR THOUGHT
How the Brain is Shaping the Future of the Internet

Original Work Copyright © 2009 Jeffrey M. Stibel
Published by arrangement with Harvard Business Press

Nenhuma parte deste livro poderá ser reproduzida, armazenada em sistema de recuperação, ou transmitida por qualquer meio, seja na forma eletrônica, mecânica, fotocopiada, gravada ou qualquer outra, sem a autorização por escrito do autor.

Capa: Spazio Publicidade de Propaganda - Grasiela Gonzaga
Tradução: Marcia Nascentes
Diagramação: Konsept Design & Projetos

Dados Internacionais de Catalogação na Publicação (CIP)
(Câmara Brasileira do Livro, SP, Brasil)

Stibel, Jeffrey M.
  Conectado pelas ideias : como o cérebro está moldando o futuro da internet / Jeffrey M. Stibel ; com a colaboração de Erik Calonius e Peter Delgrosso ; [tradução Marcia Nascentes]. -- São Paulo : DVS Editora, 2012.

Título original: Wired for thought
Bibliografia
ISBN 978-85-88329-73-7

1. Inteligência artificial 2. Interface cérebro-computador 3. Internet 4. Pensamento I. Calonius, Erik. II. Delgrosso, Peter. III. Título.

12-06377   CDD-004.678

Índices para catálogo sistemático:

1. Cerebro e internet   004.678

CONECTADO PELAS IDEIAS

COMO O CÉREBRO ESTÁ MOLDANDO O FUTURO DA INTERNET

JEFFREY M. STIBEL

Com a colaboração de
Erik Calonius e Peter Delgrosso

DEDICATÓRIA

A Dennett e Lincoln

SUMÁRIO

PREFÁCIO *BrainGate* xi

INTRODUÇÃO A Internet é um cérebro xvii

Parte I Construindo o cérebro 1

CAPÍTULO 1 A máquina pensante 3

CAPÍTULO 2 A nuvem de Darwin 17

Parte II A inteligência da Internet 31

CAPÍTULO 3 Um palpite inteligente 33

CAPÍTULO 4 Tudo em excesso faz mal 45

CAPÍTULO 5 Destruição criativa 55

Parte III O cérebro por trás da *Web* 63

CAPÍTULO 6 Uma *Web* de neurônios 65

CAPÍTULO 7 Buscando as palavras certas 77

CAPÍTULO 8 Os limites das redes 93

CAPÍTULO 9 As redes sociais 103

Parte IV   Eu, a Internet   117

CAPÍTULO 10   As novas regras do cérebro, dos negócios e muito mais   119

CAPÍTULO 11   Um fantasma na *Web*   127

EPÍLOGO   O cérebro da nova máquina   141

Notas   145

Bibliografia   165

Agradecimentos   173

Índice   177

Sobre o autor   183

PREFÁCIO

BrainGate

CHEGA A SER IRÔNICO PENSAR QUE MUITAS das conquistas da humanidade têm origem em uma história de erros. Isso vale para a teoria da relatividade, de Einstein, para muitas das invenções de Thomas Edison e para diversos medicamentos farmacêuticos (como a penicilina e o Viagra). E também vale para a oferta pública de ações mais bem-sucedidas dos últimos tempos.[1] Semanas antes da oferta pública inicial de ações do Google, em 2004, os fundadores da empresa cometeram um erro grave de julgamento: eles concordaram em conceder uma entrevista para uma revista, algo que costuma ser proibido pela CVM (Comissão de Valores Mobiliários) (por temor de que as informações vazem ou que sejam usadas para disparar o valor das ações). Somado a isso, a entrevista foi para a revista *Playboy*. O fato em si e sua repercussão deixaram um clima estranho no ar.[2]

Mas quando representantes da CVM leram o artigo, eles desfizeram o mal-entendido, constatando que não passava de uma brincadeira inofensiva e abrindo caminho para uma das ofertas públicas iniciais de maior êxito na história.

Por que a CVM considerou o artigo inofensivo? Provavelmente porque um dos fundadores do Google disse no artigo que as pessoas um dia teriam acesso direto à Internet através de implantes no cérebro, permitindo ter acesso a "informações do mundo inteiro como apenas mais um de nossos pensamentos". Só isso já seria suficiente para levar a CVM a supor que os fundadores do Google são lunáticos.

De loucos, os fundadores do Google não têm nada. Eles compreendem o funcionamento da Internet e do cérebro, e sabem que um implante da Internet é algo perfeitamente possível. A afirmação certamente era um pensamento prospectivo, mas nem de longe um pensamento tolo. Ao ler este livro, você logo perceberá que também fico entusiasmado com a possibilidade de convergência entre a Internet e o cérebro. Acho até que meu entusiasmo é ainda maior.

Imagine a seguinte situação: você está acordando. Ainda um pouco sonolento, avista um homem de cabelos grisalhos em um jaleco que está felicitando-o pela cirurgia bem-sucedida. Você ainda está um pouco grogue, sob o efeito da anestesia, e não consegue se lembrar bem do que ocorreu. O homem explica entusiasmado que ele é um cientista e que sua cirurgia antes só havia sido realizada em ratos e macacos *rhesus*. Mas, com a ajuda de um neurocirurgião, também foi possível realizar a cirurgia em outro animal - um porquinho-da-Índia, e que ele é você.

Antes mesmo de você recobrar totalmente sua consciência, o cientista faz uma pergunta estranha: "Você pode, por favor, apagar as luzes?" Você procura um interruptor no quarto e não encontra. Mas basta o pensamento passar pela sua cabeça que as luzes se apagam. Sorrindo, ele pede que você acenda novamente as luzes. Você pensa nisso por um instante e as luzes voltam a acender. Ele sorri novamente. "O implante no cérebro funcionou!"

Se este cenário parece saído da ficção científica, posso assegurá-lo de que ele tem muito mais de ciência do que de ficção. Na verdade, esta tecnologia existe hoje. O cientista é John Donoghue, chefe do departamento de Neurociência da Universidade Brown. Junto com seus colegas, ele inventou um dispositivo implantável chamado BrainGate, que permite aos indivíduos utilizarem suas mentes para controlar dispositivos eletrônicos como, por exemplo, computadores.

Fui apresentado ao BrainGate quando comecei o programa de doutorado em ciência cognitiva na Brown. Fiquei sabendo que o cérebro utiliza descargas elétricas e químicas para se comunicar consigo mesmo e com o resto do corpo. A ideia por trás do BrainGate é realmente bem simples: aproveitando a conexão às descargas elétricas do cérebro, os médicos podem posicioná-lo externamente para controlar outros dispositivos elétricos, da mesma forma que o controle remoto da TV permite que você troque de canal sem precisar sair do sofá. Depois de vários experimentos com animais (se você está imaginando macacos nos corredores da Brown, apagando as luzes por meio de ondas cerebrais, quase acertou), o BrainGate foi aprovado pela FDA **(Food and Drug Administration)** para testes clínicos com seres humanos. A meta inicial era oferecer maior mobilidade aos indivíduos com graves disfunções, tais como pacientes com tetraplegia e com doença de Parkinson.

Assim que me familiarizei com essas ideias, insisti com um dos alunos de Donoghue que era importante criar uma empresa. Logo surgiu um *venture capitalist** interessado em fundar a empresa.[3] Ela começou realizando testes em seres humanos e fez sua estreia no mercado de ações NASDAQ alguns anos depois.[4] O primeiro teste clínico foi realizado em 2004, envolvendo um homem paralisado, que agora consegue controlar um cursor de computador através da mente. O cirurgião-chefe, outro professor da Brown, descreveu os resultados como "quase inacreditáveis".[5] Suspeito que ele tenha acrescentado a palavra **"quase"** como uma deferência a Donoghue. Quatro outros pacientes receberam implantes desde então, todos com notável sucesso. Os resultados foram publicados no renomado periódico *Nature*, em 2006 (o *Nature* havia publicado os experimentos com animais em 2002).[6]

Por que esta história soa como ultrajante?[7] Talvez porque, como disse o próprio médico que realizou a cirurgia, seja muito difícil acreditar na ideia. Imaginamos o cérebro como algo que está além de nossa compreensão; assim, menosprezamos a noção de que ele obedece às leis da ciência. Vejamos como o programa *60 Minutes*, da CBS, apresentou a ideia ao divulgar o *BrainGate*, em 2008: "De vez em quando, topamos com um caso da ciência que só vendo para crer. Foi o que aconteceu em relação a esta história, quando vimos pela primeira vez seres humanos operando computadores, escrevendo *e-mails* e acionando cadeiras de rodas apenas com o comando do pensamento."[8]

Entretanto, o cérebro é passível de compreensão. Ele nada mais é do que uma máquina biológica.

E isso nos remete novamente à visão dos fundadores do Google. Se somos capazes de implantar um *chip* no cérebro para acender as luzes, por que não

---

* *Venture capital* - Capital de risco em português, é uma modalidade de investimento por meio da compra de uma participação acionária, geralmente minoritária, com o objetivo de ter as ações valorizadas podemos também implantar um *chip* que permita a conexão remota de nosso cérebro à Internet? Isso nos daria acesso a praticamente todas as informações do planeta.

Mas como um dispositivo como esse afetaria sua visão sobre a memória? Será que você daria o mesmo valor à memorização por repetição ou ainda ficaria tão impressionado com pessoas com memória fotográfica? Você não teria essencialmente uma memória perfeita, limitada apenas pela sua capacidade de recuperar informações?

Se você pudesse se conectar à Internet, também teria acesso a milhões de pessoas, possivelmente através de *e-mail* "mental", Facebook ou *softwares* de mensagens instantâneas. Se não conseguisse localizar as informações, poderia perguntar a alguém, como se estivesse usando uma linha de vida no jogo *Who Wants to Be a Millionaire (Quem Quer ser um Milionário?)*. Isso mudaria sua noção do que vem a ser a inteligência? Qual é o sentido de valorizar o QI (quociente de inteligência) se os relacionamentos têm uma força bem maior? Afinal, quem é mais inteligente quando existe o acesso mental a informações: a pessoa que conhece tudo sobre mecanismos quânticos e nada sobre geometria não linear, ou a pessoa que tem bons amigos nas duas áreas e conhecimento suficiente para fazer as perguntas certas? Como esse tipo de inteligência afeta sua vida pessoal, sua vida profissional e seus negócios?

Tudo isso dá margem a outra pergunta, ainda mais importante: a própria Internet poderia ser projetada para apresentar um desempenho semelhante ao do cérebro? Será que ela um dia poderá **desempenhar as funções de um cérebro**, da mesma forma que um aparelho de audição mecânico executa a função do ouvido interno, lentes de contato executam a função da córnea ou um coração artificial executa as funções desse músculo biológico?

Minha convicção de que a Internet está progressivamente se transformando em um cérebro tem servido de base para minha carreira de negócios. Isso me permite antecipar o que ocorrerá em seguida; isso me dá visão. Sob diversos aspectos, como compreendo o funcionamento do cérebro, sinto-me como se estivesse assistindo a um filme pela segunda vez quando se trata da Internet.

Por que esta perspectiva é importante? Por um simples motivo: você pode passar a vida inteira tentando compreender cada uma das milhares de empresas que surgem a todo instante na Internet. Pode analisar as mudanças em cada uma delas. Contudo, se você optar por compreender o cérebro, ou melhor, como funciona o pensamento, compreenderá o que está acontecendo na Internet: não apenas o que está ocorrendo agora, mas também o que ocorrerá no futuro.

Talvez você esteja se perguntando que benefício este livro pode trazer. Esta é a minha resposta: você pode escolher qualquer fenômeno e estudar suas partes constituintes durante anos, mas se não recuar o suficiente para enxergá-lo em sua totalidade, nunca compreenderá como ele funciona e seu provável rumo. Se você não compreende o que é energia em uma escala global, fica difícil compreender os negócios simplesmente estudando fiações e usinas. Se você não compreende o panorama mundial do agronegócio, não chegará a lugar nenhum simplesmente observando uma plantação de milho. Este mesmo princípio vale para a Internet e a constelação de inovações e oportunidades de negócios que ela envolve.

INTRODUÇÃO

A Internet é um cérebro

AO LONGO DA HISTÓRIA DOS SERES VIVOS, nossa espécie ocupa uma posição singular pelo fato de ter inventado dispositivos que controlam e estendem os poderes de nosso próprio corpo. Inventamos espadas para aumentar o tamanho e o poder de nossos braços; telescópios e câmeras que ampliam o poder de nossos olhos; corações artificiais que simulam as batidas orgânicas em nosso peito. Passamos a compreender que o corpo humano é influenciado pela engenharia reversa. O psicólogo de Harvard, Steven Pinker, disse certa vez: "[…] vemos o corpo como uma máquina maravilhosamente complexa... A essência da vida, acabamos descobrindo, não é um gel tremulante, resplandecente e assombroso, mas uma engenhoca com minúsculas guias, molas, dobradiças, hastes, chapas, magnetos, zíperes e escotilhas, montados por uma fita de dados (DNA) cujas informações são copiadas, transferidas e escaneadas." [1]

Esta descrição vale para o corpo em geral, mas, por muito tempo, acreditou-se que o cérebro era misterioso demais para ser explicado. Podemos criar uma bomba na imagem do coração humano, uma lente de câmera na imagem de um olho ou até mesmo uma dobradiça na imagem de uma articulação óssea. Mas que analogia poderia ser usada para o cérebro – um órgão constituído de uma massa enrugada, grudenta, que pesa 1,36 kg e se encontra em repouso no crânio?

Por meio de computadores, tentamos encontrar essa analogia. Dizemos que semicondutores ligam e desligam como neurônios e que fibras de vidro podem transmitir mensagens assim como fazem as sinapses e os axônios. A partir daí, contudo, não sabemos a que recorrer. Os computadores criados por nós não são de fato tão análogos ao cérebro humano quanto, digamos, um coração artificial o é em relação a um coração real. **O próprio computador não é como um cérebro!**

Aí surge a Internet. Com ela, criamos algo diferente de tudo que a humanidade criou antes. Locomotivas a vapor, aparelhos de TV, automóveis – todos são inertes. Até mesmo tabuleiros de xadrez e estádios de beisebol, que parecem adquirir vida temporariamente, ficam no escuro quando o jogo termina. Mas com a Internet é diferente. Ela é ilimitada, autoperpetuante e capaz de exercer a consciência coletiva. Ela mais parece a multidão no estádio de beisebol do que propriamente o jogo de bola, mais parece as estratégias do xadrez do que o tabuleiro de xadrez e as regras do jogo.

É claro que cada inovação significativa é milagrosa – uma descoberta que representa mais do que a soma das suas partes. Alexander Graham Bell anexou dois tambores pequenos a dois solenóides, por exemplo, e a partir das batidas geradas criou algo além da soma das partes: a transmissão da voz humana. Mas o telefone não deu continuidade a isso para poder reproduzir-se e aperfeiçoar-se por si mesmo. Já a Internet pode fazer isso e o faz. Além disso, a Internet aprende. Ela processa informações, dá um formato a elas, transmite-as. Ela se lembra de algumas coisas, esquece outras e constantemente faz um *looping* (ciclo) de tudo que nela existe, divulgando isso das mais variadas formas e nas mais variadas direções.

Por esses motivos (e muito mais, conforme você descobrirá neste livro), ofereço esta analogia simples: como a bomba artificial em relação ao coração, como a câmera em relação aos olhos e como a dobradiça em relação às articulações, acredito que a Internet é análoga ao cérebro. Na realidade, atrevo-me a ir um pouco mais além. **Acredito que a Internet é um cérebro**!

A princípio, esta afirmativa pode parecer absurda. Como assim? A Internet é um cérebro? Quando digo que a Internet é um cérebro, não estou afirmando que a Internet seja aquele glóbulo de 1,36kg, todo enrugado como nossos dedos quando saímos de um banho quente. Quero dizer que a Internet está aos poucos adquirindo a capacidade de pensar. Antes que comece a imaginar que estou escrevendo o roteiro de um *thriller* de ficção científica de baixo orçamento, permita-me oferecer mais uma explicação. Para compreender por que acredito que a Internet é um cérebro, primeiro você precisa compreender como defino o próprio cérebro.

Um modelo de papel do cérebro

A maioria dos meus amigos obtêm uma dose semanal de informações sobre a ciência médica nas séries de TV *Grey´s Anatomy* e *Plantão Médico*. Não é para menos que eles pensem no cérebro como um pedaço grudento de substância cinzenta que mais parece uma bola de futebol "mastigada". Na verdade, quase 60% do cérebro é constituído de matéria branca, com apenas o restante sendo formado pela substância cinzenta que imaginamos. Exceto pelos sulcos profundos e os dois hemisférios do cérebro, a maior parte das pessoas não reconheceria um cérebro se estivessem sentadas ao lado de um no saguão de um terminal de aeroporto. O cérebro é bem macio e tem a consistência de uma gelatina. Sua cor predominante é o marfim, com veias vermelho escuro, mais para o Bordeaux do que para o Borgonha. A imagem que temos de um cérebro firme e cinza só vale para o cérebro morto, sem sangue circulando, preservado e de pouca utilidade para nós (ver Figura I.1).

Mas até mesmo esta descrição é enganosa. Pela sua forma de pensar, o cérebro se parece mais com uma folha de papel ofício (então, acho que o melhor que meus amigos têm a fazer é obter suas informações científicas na série de TV *Lei e Ordem: Los Angeles*). Esta folha de papel representa a área mais externa do cérebro, o **córtex cerebral**. É neste local que ocorre a maior parte da magia do pensamento. Para começar, imagine este pedaço de papel: fino, retangular e em branco (na maior parte).[2] Neste papel, existem informações que ainda crescerão, como um braile em relevo na página, à medida que o cérebro se formar. Esses são **os neurônios**, as unidades de computação do cérebro, e eles ajudam a armazenar e processar informações.

FIGURA I.1

Foto de meninges expostas e do cérebro durante cirurgia (craniotomia com paciente acordado)

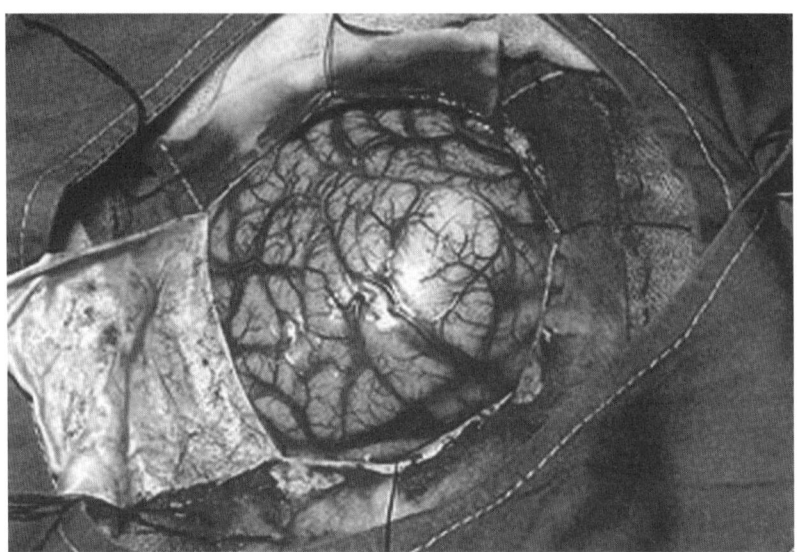

Fonte: reproduzido com a permissão do dr. Emil A. Popovic, MD (www.popovic.com.au).

O intrigante é como o cérebro foi projetado fisicamente para conectar informações. Digamos que você coloque vários pontos aleatoriamente na página. Se você imaginar dois pontos em cada extremidade, eles estarão distantes um do outro. Mas, se você amassar o papel, formando uma bola, os dois pontos se aproximarão. Se você amassar bem a página, a distância entre os pontos será perceptível. Agora você realmente compreende o funcionamento do cérebro: ele é singularmente poderoso porque habilita conexões entre informações discrepantes. Ele permite a rápida comunicação. O cérebro em geral não é rápido, pelo menos comparado aos computadores, mas ele compensa sua falta de velocidade ao unir bem as informações dentro do crânio, como se fosse um papel amassado.

Do ponto de vista da computação, o cérebro humano é uma máquina sofisticada de **processamento paralelo**. Isso significa que, diferente da computação **serial** (em que uma coisa acontece depois da outra, em sequência), no processamento paralelo, uma série de coisas podem acontecer de uma só vez. Os neurocientistas chamam isso de **computação distribuída**. Isso significa que, como as funções do cérebro são distribuídas pelo local inteiro, diferentes processos ocorrem simultaneamente. (Acredito que **computação distribuída** seja um termo mais apropriado, pois **computação paralela** evoca a ideia de duas linhas paralelas inflexíveis, como trilhos do trem, ao passo que **distribuída** evoca uma imagem de flexibilidade que descreve com mais precisão como o cérebro de fato funciona.)

Uma breve história do cérebro

Há seis milhões de anos, nossos cérebros eram do tamanho dos cérebros dos chimpanzés. É, portanto, natural que esses cérebros primitivos conferissem ao ser humano um nível de inteligência semelhante ao do chimpanzé. Porém, cerca de 2,5 milhões de anos atrás, tivemos o que foi denominado **"a grande encefalização"**.[3] Nos 150.000 anos seguintes, nossos cérebros cresceram **400%**. Isso foi bom: como resultado, conseguimos manter conexões permanentes para evitar o perigo (instintivamente saindo do caminho), mas também adquirimos um **senso de antecipação** (o que nos permitia suspeitar que uma criatura de quatro patas com presas não estava bem-intencionada).

Mas algo ainda melhor começava a acontecer: o cérebro humano começou a desenvolver seu **córtex cerebral**, um manto de 0,32 cm e aproximadamente 10 bilhões de neurônios que, como uma touca de banho, se encaixava perfeitamente sobre o cérebro primitivo. O córtex cerebral acrescentou outra dimensão à inteligência humana: **raciocínio**, **introspecção** e até mesmo os **elementos refinados da emoção**.

Agora o cérebro humano tem cerca de 100 bilhões de neurônios, ou, conforme observado por um pesquisador, a área de superfície equivalente a quatro campos de futebol (em comparação, a base das grandes pirâmides do Egito só cobriria dez campos de futebol).[4] Os neurônios consistem em corpo celular, axônio e dendritos. Pense no **corpo celular** (e em seu núcleo) como o centro do neurônio ou a central de informações. O **axônio** opera como um transmissor, enviando informações de um neurônio para outro. Os **dendritos** recebem informações de outros neurônios. Os neurônios se comunicam entre si através de transmissores elétricos e químicos. Juntos, os neurônios funcionam em uma rede distribuída, formando padrões que nos permitem desempenhar tarefas tais como **caminhar**, **falar**, **lembrar-se** do nome de alguém e até mesmo **ler** este livro.

O fato mais surpreendente sobre o cérebro, entretanto, é que o cérebro em si não é tão surpreendente. Assim como o resto do nosso corpo, ele é constituído de simples moléculas de carbono. Não existe uma substância pegajosa mágica, um local especial onde residam nossos pensamentos, nem mesmo um local que abrigue nossos desejos, ambições, medos, sonhos, aspirações. O cérebro é pura e simplesmente um amontoado de axônios e dendritos, além de outras substâncias cuja base são cadeias de carbono. Todos os meus anos de faculdade e toda a literatura que pesquisei sobre o cérebro me levam a crer que não há muito mais a dizer sobre o assunto.

O cálice sagrado

Para quem pensa na possibilidade de criar uma mente artificial, o fato de o cérebro ser um órgão comum (ou seja, ele não contém nada a mais que o pâncreas ou o fígado) é algo bom. Como o cérebro não tem nada fora do comum, isso nos permite arriscar que é possível criar uma Internet inteligente. Isso soa como uma espécie de sacrilégio? O cérebro certamente é um órgão sagrado em um cálice sagrado, mas, para muitos filósofos, cientistas e diversos magnatas da Internet, a ideia do pensamento mecanizado não está mais acima da pergunta: **"Por que não?"**.

Isso nos leva a pensar na Internet. Em termos de estrutura, ela é muito semelhante ao cérebro. A Internet é um sistema de armazenamento e recuperação em massa. Na prática, ela é mais pesada e menor que o cérebro (neurônios *versus* computadores, e não meramente tamanho ou peso), mas a estrutura fundamental é praticamente a mesma. Conforme ilustrado na Figura I.2, o cérebro tem neurônios e memórias; a Internet tem computadores e *sites* (que são conectados por cabos Ethernet e *hiperlinks* no lugar de axônios e dendritos).

FIGURA I.2

Os neurônios do cérebro (à esquerda) e os computadores da Internet

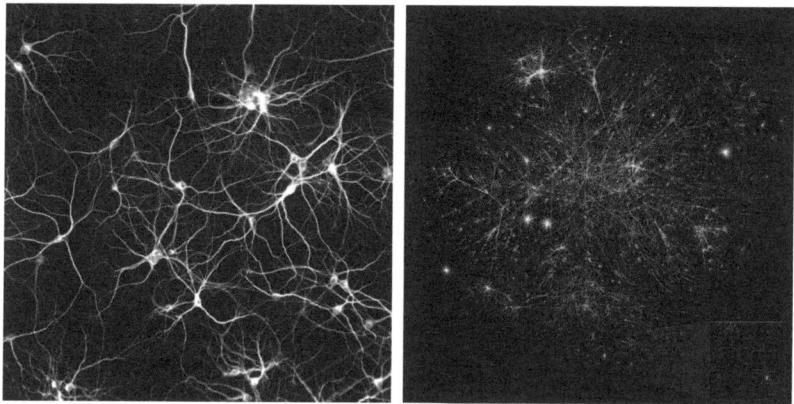

Fonte: A imagem (à esquerda) é cortesia de Paul De Koninck, www.greenspine.ca; a imagem (à direita) é cortesia do Opte Project através da licença Creative Commons, http://creativecommons.org/licenses/by-nc-sa/1.0/.

É verdade que uma coisa pode parecer com outra e não ser análoga a ela. Um local onde são realizadas as manobras das composições de trens em uma estação ferroviária se parece com uma rede cerebral, mas não é. No entanto, há tanta coisa na Internet que nos faz lembrar o cérebro que fica difícil resistir à comparação.

A Internet é realmente a combinação de duas inovações. A primeira foi o **telégrafo** (o precursor do telefone), que possibilitou a transmissão das informações eletronicamente. O advento do telégrafo eliminou a barreira da distância ao permitir que as pessoas se comunicassem de maneira instantânea, mesmo estando em áreas geograficamente distantes. Essa capacidade parece óbvia para nós hoje, mas era inimaginável na época do Pony Express.

A segunda inovação foi o **computador**, que permitiu o processamento e o armazenamento de informações. Antes do computador, as informações eram processadas através de dispositivos de cálculo e, depois, escritas sobre o papel. Antes do computador, cálculos complexos (do tipo que até mesmo o *laptop* mais modesto é capaz de realizar sem o menor esforço) eram praticamente impossíveis. E, se fosse necessário armazenar informações valiosas ou em grande quantidade – digamos, o manuscrito de um livro – o melhor local seria debaixo de um colchão ou em um banco.

O telégrafo e o computador, cada um a seu tempo, foram de grande serventia. Mas os dois juntos geraram novas oportunidades. A Internet foi o resultado. A Internet de hoje é simplesmente uma rede de computadores conectados por linhas de telégrafo (ou o que temos hoje como telefone, banda larga ou linhas a cabo). Ela começou com duas localidades conectadas e hoje conecta centenas de milhões.[5] Esta amalgamação simples e, ao mesmo tempo, avançada, nos permite armazenar, processar e transmitir informações.

Quando você liga seu computador na tomada de rede, ele se conecta com todos os computadores no Yahoo!, no Facebook e no MIT. Tanto o seu computador quanto todas essas instituições fazem parte da Internet. O que torna a Internet tão poderosa é o fato de centenas de milhares de computadores estarem conectados uns aos outros, todos compartilhando informações, processando dados e trabalhando para você, enquanto você busca em casa "receitas vegetarianas de *brownie*" no Google.

Decolando

É por isso que digo que a **Internet hoje é uma réplica do cérebro**: computadores e *microchips* representam neurônios (o corpo celular ou a unidade de cálculo); assim como a memória no cérebro, *sites* abrigam informações; *links* entre páginas constroem mapas semânticos; e, assim como axônios e dendritos, as linhas telefônicas transmitem essas informações por várias regiões. É evidente que estamos apenas nos primeiros estágios, mas o índice de crescimento da *World Wide Web* nesses dez primeiros anos foi de aproximadamente **850%** ao ano.[6]

O cérebro humano tem mais de 100 bilhões de neurônios. Daqui a uns vinte anos, haverá uma quantidade equivalente de computadores conectados à Internet. Acredito que, com o tempo, a Internet terá a complexidade do cérebro. Raciocine desta forma: a evolução levou centenas de milhares de anos para desenvolver o cérebro humano até ele atingir o nível atual de complexidade e sofisticação. A Internet se aproximará disso dentro de algumas gerações. Conheceremos, no ciberespaço, uma reprodução do próprio crescimento biológico, como se ele fosse o cérebro de um ser vivo. Mas, para ser mais preciso, reproduziremos não apenas o cérebro em si, mas também seu subproduto: o **pensamento**.

Este desenvolvimento não é muito diferente da evolução do voo. Quando os irmãos Wright fizeram um voo pela primeira vez (uma tentativa considerada lunática por muitas pessoas até que o Wright Flyer de fato decolou e, mesmo depois, a maioria pensava que era uma encenação), sua intenção não era criar um pássaro. Alguns inovadores certamente pensaram que construir um **"pássaro"** era o caminho para voar, mas estavam errados. Os irmãos Wright se basearam nas leis de voo, e não no corpo de um pato ou de um bem-te-vi. Os jornalistas presentes na época relataram as primeiras tentativas sem muito entusiasmo: "Isso mesmo. A cada ano, estas geringonças se parecem mais com patos. Tudo indica que, daqui a alguns meses, o bico estará pronto. E as penas do rabo serão aperfeiçoadas no ano que vem." Na verdade, voar faz parte do domínio dos pássaros, mas a humanidade encontrou sua própria maneira de levantar voo. E nós conseguimos o feito de voar sem precisar reproduzir o que a natureza faz.*

O mesmo vale para a inteligência da Internet. Sua semelhança com um cérebro será a mesma de um avião em relação a um pássaro. E ela também não agirá como um ser humano.

E permita-me acrescentar um pensamento importante (embora sutil) sobre o termo **inteligência artificial**. Este termo já é utilizado desde a década de 1950 e tende a evocar imagens de robôs. Mas posso assegurar-lhes de que, quando criarmos uma "máquina pensante", não haverá nada de "artificial" em relação à inteligência. Isso mesmo: a máquina pode ser artificial, mas a inteligência será real. O termo foi mal-empregado e, consequentemente, deve ser evitado. Portanto, você não encontrará o termo **inteligência artificial** neste livro. Pense da seguinte maneira: minha avó tem um quadril artificial; o quadril é artificial, mas sua habilidade de andar é real. O mesmo valerá para o conceito de inteligência vinculado à Internet.

---

* Nota da tradutora: De fato, os irmãos Wright são creditados, nos Estados Unidos da América (EUA) e em vários outros países, como sendo os primeiros a voarem em um avião. Os primeiros voos públicos dos irmãos Wright, realizados com a presença de um grande número de testemunhas, foram realizados em 1908 na França, em Le Mans. O brasileiro Alberto Santos-Dumont é considerado por muitos como o inventor do primeiro avião da história, o 14-Bis. Em 23 de outubro de 1906, em Paris, Santos-Dumont realizou um voo público no 14-Bis. Vários aviadores disseram ter voado em um avião anteriormente aos voos dos irmãos Wright e de Santos-Dumont, tornando ainda mais controverso o primeiro voo em um avião. (adaptado de http://pt.wikipedia.org/wiki/História_da_aviação)

Lembre-se de que o primeiro Wright Flyer percorreu uma distância mais curta do que é hoje a extensão de um avião 747? Esta analogia talvez o ajude a compreender a ideia de que, quando conseguirmos levar a Internet a pensar (e acho que isso já está acontecendo), no começo o processo será lento. Daí em diante, novos negócios florescerão, gerando bilhões de dólares, assim como ocorreu na indústria da aviação.

O negócio do cérebro

Não sei qual será o destino da Internet daqui a cinquenta anos. Mas consigo vislumbrar a Internet nos próximos dez a vinte anos. Estou certo de que seu desenvolvimento se baseará nos conceitos da ciência do cérebro. Muitas das outras pessoas que atuam no setor preveem a mesma coisa. Não é mera coincidência que Larry Page e Sergey Brin, do Google, não apenas tenham estudado inteligência artificial na Stanford sob a orientação de Terry Winograd, um líder brilhante na área, mas também tenham colocado essas lições em prática ao idealizarem e desenvolverem sua empresa (Na realidade, o décimo oitavo funcionário da Google era um cirurgião cerebral e ele se tornou o diretor de operações do Google). [7]

Também não é por acaso que a ciência do cérebro é a estratégia secreta por trás da maioria dos outros negócios envolvendo a Internet – empresas como Amazon.com, Yahoo!, Google, Microsoft e Facebook. É por isso que muitas dessas empresas têm os mesmos cientistas do cérebro em seus *staffs* (equipes) que se encontram em Stanford, Brown, MIT e Harvard. Uma coisa é certa: a maior parte das empresas bem-sucedidas especializadas na Internet, de forma **explícita** ou **implícita**, se baseiam na premissa da convicção de que a Internet está se desenvolvendo para se tornar cada vez mais semelhante a um cérebro.

A evolução deste fenômeno foi rápida. Dez anos atrás, ninguém imaginaria que os programas de *software* poderiam ser desenvolvidos remotamente por milhares de programadores independentes. Mas, em retrospectiva, isso é óbvio depois do sucesso do Linux, o *software* de código-fonte aberto que não foi desenvolvido por uma empresa, mas por milhões de usuários. Dez anos atrás, ninguém poderia imaginar que uma enciclopédia poderia ser desenvolvida por milhões de participantes e continuar evoluindo após sua independência. Mas isso está acontecendo com a Wikipedia (criada em 15 de janeiro de 2001). Ninguém se surpreende ao saber que jogos, mobiliário, comunidades e romances vencedores do prêmio Pulitzer serão desenvolvidos dessa forma nos próximos dez anos.

E alguém acreditaria que comunidades simuladas sobreviveriam e se desenvolveriam a tal ponto no ciberespaço? Mas, se a Internet está evoluindo como um cérebro com milhões de pessoas interagindo e desenvolvendo esse cérebro, ela é o ambiente perfeito para que esse tipo de coisa aflore. Essas são ações inteligentes de uma Internet inexperiente. Aqueles no mundo dos negócios que esperam que a Internet se comporte como um ser humano, ou que duvidam que o pensamento possa ser criado sem um tipo de robô que se aproxima oferecendo um Martini, estarão perdendo essas oportunidades, e muito mais!

Com este *insight*, na verdade, minhas equipes ajudaram a desenvolver empresas da Internet que valem centenas de milhões de dólares. Foi esse *insight* que levou meus colegas e eu a criarmos uma versão para a Internet de uma tecnologia chamada *WordNet*, que agora serve de base para o sistema de propaganda do Google (o AdSense). E foi esse *insight* que me conduziu ao *BrainGate*, a tecnologia que agora conecta seres humanos a computadores através do implante de *chips* de computador no cérebro das pessoas.

Somado a isso, trata-se de um *insight* que ajudará futuramente minha equipe e outros a criarem negócios de alto valor. **Por quê?** Quando você reconhece que a Internet é um cérebro, consegue, até certo ponto, enxergar para onde ela caminha. Diversas empresas de aviação se formaram depois do primeiro voo dos irmãos Wright e a maioria delas não decolou. Mas a tecnologia de voo continuou a ser desenvolvida. Agora estão ocorrendo os mesmos fenômenos, ou seja, as pessoas estão sentindo na pele as consequências do contínuo crescimento de uma nova indústria. Porém, desta vez, com máquinas do pensamento, e não com máquinas de voo.

Por isso, acredito que já saiba os próximos capítulos desta história e tenho certa expectativa quanto ao meu destino nos próximos anos. Afinal, abri uma empresa nova atrás da outra. A inevitabilidade não me parece menos óbvia do que a das ferrovias norte-americanas que se expandiam para o oeste no século XIX. E, ao absorver essas ideias, você já estará se posicionando alguns quilômetros à frente (digamos, construindo um armazém e uma torre de água). Quando essa ferrovia chegar até você, tudo estará pronto para recebê-la.

Algumas ideias fantásticas

Fiz algumas afirmações audaciosas que geram dúvidas. É meu dever convencê-lo de que minhas conjecturas são verdadeiras (e talvez até conservadoras). No interior deste livro, você encontrará algumas ideias pouco comuns. Não são pensamentos convencionais. Mas, se você estiver pronto para aceitar uma perspectiva nova sobre a Internet, com ideias que o ajudarão a pensar sobre a Internet sob um novo ângulo, eis aqui um resumo dessas ideias:

- **A Internet é um cérebro**. Com isso, quero dizer que a Internet é mais do que uma reflexão da inteligência; ela de fato manifesta a inteligência. Isso ocorre porque a Internet (diferente dos computadores) evoluiu com muitas das mesmas estruturas básicas e competências de um cérebro. Talvez você alegue que "é um cérebro" e "é como um cérebro" são apenas uma questão de semântica, mas, ao aceitar uma dessas versões, passará a compreender melhor a Internet.

- **O cérebro humano é um tanto burro**, mas é exatamente por isso que ele é tão **inteligente**. A Internet, diferente de supercomputadores poderosos, foi criada com vários dos mesmos pontos fracos que ativam a inteligência humana. O pensamento semelhante ao humano não resultará da criação de computadores mais avançados ou do fortalecimento da inteligência artificial, mas sim de uma abordagem em rede que imita os **pontos fracos** do pensamento humano.

- **A história da tecnologia não é exatamente uma história, mas, sim, uma evolução**, ou seja, de uma máquina suplantando outra em uma corrida darwiniana pela dominância. A história da Internet vai mais além: nela existe uma evolução que, na verdade, é uma extensão da evolução do cérebro humano.

- **Embora o cérebro seja uma máquina de calcular relativamente medíocre, ele é uma máquina muito eficiente em termos de previsão**. Apesar de um cérebro humano não ser capaz de calcular uma equação matemática tão rápido quanto a mais básica das calculadoras, ele consegue facilmente determinar onde cairá uma bola que está ainda no ar, no meio do seu percurso, sem calcular sua trajetória ou velocidade precisa. O cérebro funciona de forma bem distinta de computadores, mas ele funciona quase da mesma maneira que a Internet.

- **Da mesma forma que a inteligência humana se concentra em criar e destruir memórias e ideias**, a Internet é uma máquina que cria apenas para destruir. E a destruição criativa subjacente às memórias é a força motriz da *World Wide Web*.

- **A linguagem é um atributo que muitos consideram exclusivamente humano**, mas ela está no cerne da ferramenta mais conhecida e importante da Internet: a **busca**.

- **Inevitavelmente, a Internet sofrerá um abalo**. Mas ela ficará melhor e ainda mais forte a cada colapso. Na realidade, todas as redes param de crescer em determinado momento; porém, ao fazer isso, elas crescem em termos de sabedoria e força. Da mesma forma, quando chegar à infância, você terá perdido a maioria dos neurônios que se desenvolveram durante os primeiros anos de vida. E, quando você for adulto, seu cérebro continuará a encolher. Mas, à medida que a quantidade de neurônios no cérebro diminui, sua **sabedoria aumenta**.

- **Talvez a Internet nunca adquira a "consciência" no sentido humano** (e quem precisa dela?), mas ela será capaz (e já é) de criar uma **consciência coletiva**. Em grande medida, isso justifica o sucesso da Internet.

Nunca antes a ideia de uma máquina pensante conseguiu aglutinar uma confluência tão grande de pensadores e cientistas. Entre eles estão: **neurologistas**, que agora dissecam o cérebro com mais habilidade e instrumentos avançados; **psicólogos**, que começam a compreender o comportamento que se origina no cérebro; **linguistas**, que reconhecem como os pensamentos são codificados nos símbolos que chamamos de palavras; **cientistas evolucionistas**, que estão desvendando um novo campo da ciência da computação chamado algoritmos genéticos; **cientistas da computação**, que (com uma maior compreensão graças à ajuda de psicólogos e outros profissionais) estão construindo máquinas e algoritmos que imitam a mente; e **especialistas em inteligência artificial**, que buscam deliberadamente formas de capacitar máquinas a realmente pensar.[8]

Também há diversos cientistas do cérebro que são especialistas em cérebro e na filosofia do pensamento – pessoas como meus mentores Dan Dennett (o nome de minha filha é Dennett, em homenagem a ele) e Jim Anderson (não tenho um Anderson... por enquanto). Dennett, considerado um dos maiores filósofos ainda vivos, publicou uma série de livros inovadores sobre questões relativas à mente. Anderson, um dos melhores cientistas do cérebro da Brown, está trabalhando para criar o mecanismo subjacente. Ao escrever este livro, utilizei os trabalhos dessas duas figuras talentosas como fundamento e não me esquivo de dizer que os pensamentos mais profundos e as conjecturas mais claras são deles, e não minhas.

É claro que, até mesmo neste grupo de pensadores renomados, não existe um consenso. O campo do pensamento que deu origem a este livro é mais circense do que cerebral. Dan Dennett, em *Consciousness Explained* (um livro citado pelo *The New York Times* como um dos **dez melhores do ano** quando foi publicado, em 1991), comenta: "Ninguém consegue esclarecer todos os problemas, inclusive eu, e todo mundo se acha no direito de tecer comentários, fazer suposições e dar palpites sobre grande parte do problema."[9] Caso eu não consiga me fazer claro nas páginas que se seguem, por mais que tente ser claro, que isso também sirva como um pedido de desculpas.

Talvez as vozes sejam muitas e as opiniões bem distintas, mas, neste novo mundo que se revela, da ciência do cérebro e da tecnologia, finalmente estamos assistindo a uma convergência em relação à ideia de que uma **máquina pensante é inevitável**, assim como fora a primeira máquina de voo. E, consequentemente, esta inteligência recém-descoberta acabará afetando nossa vida como um todo. Por esse motivo, escrevi este livro tendo em mente um público abrangente.

Ao escrever o livro, tinha um foco em mente: o mundo dos negócios. Este é o setor da sociedade que transformará essas ideias pioneiras em uma indústria. Foi isso que ocorreu quando os irmãos Wright voaram pela primeira vez. A maioria das pessoas do mundo dos negócios nunca ouviram falar em pioneiros como Alan Turing ou John Von Neumann, muito menos em Jim Anderson ou Dan Dennett. A maioria não compreende o que é computação distribuída, nem o significado da forma como empresas especializadas em Internet surgem e desaparecem.

Constantemente, ouço as pessoas falarem sobre a Internet em termos de servidores, PCs (*personal computers*), *software*, HTML e Ethernet. Outras conversam sobre os componentes dos negócios – quem está na liderança no Google, no Yahoo! e assim por diante. Mas poucas pessoas se perguntam: **qual é o real significado disto?** São exatamente essas pessoas que estudaram a ciência do cérebro, ou ao menos compreendem o assunto. Não vemos a Internet apenas como a novidade no mundo das telecomunicações, assim como algumas pessoas não viam os aviões apenas como a novidade no mundo das locomotivas a vapor. A Internet é **transformacional**. Ela é a primeira reprodução real do cérebro humano, fora do corpo humano, a que tivemos acesso.

Como este *insight* pode trazer uma vantagem competitiva? Nestas páginas, certamente examinaremos as especificidades, como, por exemplo, como isso o ajuda a criar *sites* melhores e a otimizar sua propaganda *on-line*. Mas a maior vantagem é que isso lhe trará **visão**. Você estará apto a se destacar em meio ao rebuliço atual dos negócios, a criar um novo modelo de negócios, aguardando para ver se outros negócios conseguem acompanhar seu ritmo de crescimento.

Mas, primeiro, a busca pela inteligência semelhante à inteligência humana exige uma ação inicial: uma investigação de como nós, seres humanos, pensamos. É claro que isso requer um estudo aprofundado, mas a leitura de apoio que você encontrará nos próximos capítulos será muito útil à medida que você aplicar esse conhecimento aos elementos práticos da Internet mostrados posteriormente no livro. Afinal, não poderemos criar inteligência sem antes compreender o que vem a ser o **pensamento**.

Sendo assim, o que de fato ocorre quando pensamos? E quando tomamos decisões? E quando reagimos ao mundo que nos cerca? Para responder essas perguntas, acompanhe-me até um pasto com vacas, onde talvez possamos encontrar algumas respostas.

PARTE I

Construindo o cérebro

CAPÍTULO 1

A máquina pensante

Feche os olhos e procure fazer uma imagem mental de uma **vaca roxa**. Feche os olhos novamente e imagine uma **vaca amarela**. De onde vêm esses pensamentos? Como eles chegaram na sua mente? Será que existe um local no seu cérebro que armazena imagens de vacas e outro com um inventário de latas de tintas para colori-las? Essas perguntas são importantes porque, antes de criarmos um ser pensante, precisamos compreender como nosso pensamento se processa.

Supercomputadores são capazes de pesquisar bilhões de registros em uma fração de segundo. Eles têm o poder de se lembrar de centenas de bilhões de fatos com precisão. Eles conseguem até mesmo ativar seus circuitos elétricos para reagir pelo menos um milhão de vezes mais rápido do que os neurônios dos nossos cérebros.

Como são inteligentes, não é mesmo? Então, só nos resta construir mais dessas fazendas de microprocessadores de tamanho industrial, repletas de supercomputadores e, um dia, teremos uma inteligência humana capaz de imaginar vacas roxas. **Certo?**

Não exatamente. As coisas não funcionam bem assim. A realidade é outra.

Na verdade, um supercomputador é perfeito demais para se comportar como um cérebro humano. Um computador jamais poderia responder ou mesmo imaginar a pergunta da vaca roxa. Ele é preciso demais, correto demais, previsível demais, certinho demais. O computador é como o tique-taque de um relógio suíço. Já o cérebro humano mais parece uma nota de *blues* em meio a uma bebedeira.

Para se comportar como o cérebro humano, um computador precisaria apresentar o seguinte comportamento: começar a pesquisar um item com extrema concentração, recuar um pouco, mergulhar novamente na busca, depois olhar para o vazio através da janela (supondo que exista uma janela), perder-se em um devaneio inebriante (uma visão de raios de sol sobre o gramado verdejante ou algo parecido) e, de repente, boom, voltar à realidade com uma epifania repentina: "Preciso acrescentar *Puppy Chow* na minha lista de compras!" Isso tem maior semelhança a um cérebro humano.

Até mesmo o pensamento lógico, do tipo que você espera de um cientista espacial ou de um estrategista da McKinsey, mais parece uma andorinha flutuando no ar, curtindo a brisa da tarde, fazendo *loopings* e manobras acrobáticas, do que uma flecha arremessada em direção a uma árvore. É inevitável. É assim que o cérebro funciona.

Por esse motivo, o cérebro humano também é um computador inferior. E não é do tipo que você provavelmente gostaria de empregar. Já imaginou utilizar uma calculadora de mão que começa a cantarolar *Strawberry Fields Forever* dos Beatles no meio de um cálculo? Ou um sensor de freio ABS que se pergunta, justamente quando você está começando a derrapar, qual é a sensação de ser um dispositivo de *air bag*?

O que caracteriza o pensamento humano? Segundo o professor Howard Margolis, da Universidade de Chicago: "Um período de cogitação, seguido de um período de recapitulação, em que descrevemos para nós mesmos o que parece ter ocorrido durante a cogitação."[1] Em outras palavras, assim como um gole, a mente humana pensa em uma série de *loopings*.

Mas, afinal, não estamos aqui para falar mal do cérebro. Pelo contrário. O cérebro é capaz de fazer coisas maravilhosas – coisas que os computadores jamais imaginariam fazer (se tivessem a capacidade de imaginar alguma coisa). A apreciação da beleza, da criatividade, da contemplação, da imaginação e, por que não, de vacas roxas – tudo isso faz parte do território do cérebro humano.

Quando conversamos sobre a criação de uma máquina pensante, na verdade, esse é o tipo de inteligência que buscamos abordar: não simplesmente uma máquina que calcule uma soma até a bilionésima vírgula decimal, mas uma que tenha um senso de razão, equilíbrio e intuição. Uma máquina capaz de aprender com seus erros, como os seres humanos às vezes fazem, e capaz até mesmo de conduzir a um avanço da civilização. Será que conseguiremos algum dia criar algo parecido com isso? Esta é uma pergunta importante, mas antes de respondê-la, precisamos perguntar a nós mesmos: o que queremos dizer com **pensamento**? O que queremos dizer com **pensamento consciente**? Para responder estas perguntas, preciso apresentá-lo a Dan Dennett, meu ex-professor de filosofia e mentor.[2]

Daniel Dennett mais parece um mágico: em parte Oz, em parte Merlin. Assim como na versão hollywoodiana, ele tem uma careca lustrosa, sobrancelhas espessas, um enorme bigode e uma barba que mexe quando ele fala. Seus olhos franzidos parecem sorrir quando ele fala, exibindo um frequente ar de sabedoria. Se você espera encontrar Dennett fechado no escritório, em uma instituição que parece uma torre de marfim, ele não o decepcionará nesse aspecto. Dennett passa a maior parte do tempo em um escritório na Universidade Tufts. Contudo, sua personalidade e vida multidimensionais não se resumem a isso.

Dennett veleja seu próprio iate de quarenta e dois pés. Ele é excelente pianista de *jazz* (e já tocou muitas vezes em público). Ele é um experiente esquiador *downhill**, escultor e campeão de tênis. Seu pai era um Ph.D. de Harvard que trabalhou para a OSS (Office of Strategic Services) – (e depois para a CIA– Central Intelligence Agency) durante a Segunda Guerra Mundial. O velho Dennett morreu em um desastre de avião em uma missão secreta na Etiópia, em 1947. Na época, Dan tinha cinco anos de idade.

Dennett é capaz de discursar de forma brilhante sobre os mais variados assuntos, mas sua maior habilidade é explicar o significado de **inteligência humana**. Na verdade, foi Dennett que fez a pergunta sobre a vaca roxa e amarela em seu livro *best-seller Consciousness Explained* e, depois, desvendou o enigma:

---

* Disciplina do esqui alpino que consiste em descer o mais rapidamente possível um dado percurso

"O problema é que, como estamos falando de vacas imaginárias, e não de vacas reais, nem de pinturas de vacas em um quadro ou de formas de vacas na tela de uma TV em cores, fica difícil visualizar o que seria o roxo no primeiro exemplo e o amarelo no segundo... Não há nada que de longe tenha um formato de vaca no seu cérebro (ou no seu glóbulo ocular) e que vire roxo em um caso e amarelo no outro. E, mesmo que isso acontecesse, não seria de grande ajuda porque fica tudo em tom preto dentro do seu crânio e, além disso, você não tem olhos lá dentro para enxergar cores." [3]

Além de tentar desvendar como as imagens foram parar ali, Dennett vai mais além. **Quem** está observando estas vacas? Quem é o público? Existe alguém no cérebro? Dennett comenta: "O problema do cérebro é que, quando você olha dentro dele, descobre que não há ninguém em casa. Não existe uma parte do cérebro atuando como o pensador, responsável pelo pensamento, e outra atuando como o sensor, cuidando do sentimento." [4]

Afinal, se não encontramos o pensamento no cérebro, e nem o público, onde está o pensamento? O que vem a ser pensamento? E como conseguiremos construir uma máquina para reproduzir o que parece inexplicável?

A resposta de Dennett é que não existe um tipo de mágica em relação ao cérebro, ou seja, não existe um local específico onde os pensamentos são criados, como se fosse em um *workshop* de Papai Noel. O cérebro é simplesmente uma massa enrugada, composta de moléculas de carbono, com a consistência de manteiga gelada, que de algum modo cria pensamentos, razão e emoção.

Como não há nada de mágico no cérebro, significa que não há motivo para não conseguirmos criar uma funcionalidade semelhante – como **pensamento**, **razão** e **emoção** – em uma máquina pensante feita de, digamos, barro ou silício. Afinal, assim como não existe um motivo em especial para esse caroço em nossa cabeça apreciar um bom vinho e uma boa música, sonhar acordado e sonhar alto, não há motivo para esta massa constituída de silício ou de outra substância básica (talvez até carbono, futuramente) não possa ser induzida a criar algo semelhante. Como o cérebro não tem nada de especial em termos de material, com exceção de moléculas de carbono, é razoável supor que também podemos construir uma máquina com carbono (ou silício) que reproduza as suas funções.

Mas que características do pensamento podemos ter neste cérebro artificial? A resposta é que qualquer máquina que criamos deve ter o mesmo processo de *looping* iterativo que encontramos no cérebro.

Em outras palavras, precisamos criar uma máquina que pare de calcular de vez em quando para contemplar o mundo do lado de fora da janela. Não precisamos do incrível Hulk de supercomputadores para fazer isso. Dennett sustenta que isso pode ser feito quando "programas fixos, projetados previamente, executados em linhas de trem com alguns pontos de malha ferroviária, dependendo dos dados, são substituídos por sistemas flexíveis, realmente voláteis, cujo comportamento subsequente se dá muito mais em função das interações complexas entre o que o sistema está encontrando no momento e o que ele encontrou no passado."[5] Isso mesmo: precisamos de um *looping*.

A máquina de *looping* de Eric Clapton

Quando surgiu o *looping* nos seres humanos? Dennett acredita que tudo começou quando um ser humano (vamos chamá-lo de Eva) gritou, talvez de dor. Como ninguém respondia, ela fez isso repetidas vezes até que, um dia, o apelo externo se internalizou. Nos seres humanos, esse primeiro grito evoluiu e se transformou em fios de pensamentos (quase uma constante de pensamento) que nos mantêm pensando o tempo todo, até mesmo quando estamos sozinhos. Às vezes, ao ponto de conversarmos com nós mesmos de forma incessante.[6] Segundo Dennett, foi daí que surgiu a consciência, na ordem: **"penso, logo existo"**. Em outras palavras, assim como uma andorinha flutuando no ar, dando *loopings*, os pensamentos viajaram do cérebro para a boca e para o ouvido, de volta ao cérebro, circulando, até que surgiu a consciência interna.

Esse pensamento se repete em *I Am a Strange Loop*, um livro surpreendente, do cientista do cérebro, ganhador do prêmio Pulitzer, Douglas Hofstadter. No livro, ele alega que a consciência é um *looping* em constante mudança, em que o cérebro é alimentado continuamente com informações que são editadas pelo cérebro, em uma existência que é tão evasiva e autorrepetitiva quanto a nossa imagem refletida em uma parede de espelhos.[7]

Não é mera coincidência que os seres humanos também aprendam dessa forma. Dennett diz: "Nós seres humanos utilizamos nossa plasticidade não apenas para aprender, mas também para aprender a aprender melhor."⁸ Mais um *looping* sem fim. Repetimos, repetimos e repetimos algo para fazermos algo cada vez melhor. Em sua recente autobiografia, o guitarrista Eric Clapton escreveu: "Ouvia atentamente a gravação de uma música qualquer. Depois, copiava diversas vezes essa música até conseguir internalizá-la. Lembro que tentei imitar o tom de Muddy Waters, que parecia de uma campainha, na sua canção *Honey Bee*... É claro que eu não tinha técnica; apenas passava horas tentando imitar os sons."⁹* Esta é a principal tese do mais novo *best-seller* de Malcolm Gladwell, *Fora de Série – Outliers*, em que ele alega que as maiores conquistas da humanidade foram possíveis graças à **prática reiterativa**, e não por um tipo de genialidade ou sorte.

Para criar a inteligência real, então, precisamos fazê-lo na ordem da mente humana, continuamente questionando, aprendendo, ansiando por algo e fazendo *loopings*. Assim como um rio é rico por causa dos seus meandros, o cérebro deve seguir um caminho recursivo, fazendo *loopings* como uma andorinha e praticando como Clapton, repetidas vezes, até ele conseguir não apenas aprender, mas também aprender como aprender.

Como podemos, então, construir uma máquina a la Eric Clapton? Pode parecer estranho, mas, se conseguirmos criar uma máquina que adivinha, hesita, arredonda e não tem um talento especial para lidar com números (sem ofensas, Eric), talvez estejamos próximos de algo que reproduz a mente humana. De que mais precisamos? De uma máquina que seja recursiva, que se edite continuamente, que crie todo tipo de pequenas alterações, teste-as em relação a problemas, e descarte o que não der certo. Queremos uma máquina que aprenda através da repetição e que prefira ter uma certa razão do que estar totalmente certa (não apenas porque estar meio certo é mais rápido, mas também porque estar totalmente certo é um trilho de ferrovia mental, destituído dos *loopings* do pensamento real que oferecem oportunidades). Em outras palavras, precisamos de uma máquina de previsão.

Como fazer isso? Para responder, preciso apresentá-lo a outro de meus mentores, Jim Anderson, que conheci quando ele era presidente do departamento de Ciências Cognitivas da Universidade Brown.

---

* Nota da tradutora: tradução livre

Um cérebro em uma garrafa

Jim Anderson é um dos maiores cientistas do cérebro do mundo. Seu talento especial está associado à sua aptidão para analisar funções psicológicas, como, por exemplo, a formação de conceitos, reduzi-las ao nível biológico e, em seguida, utilizá-las como modelo em computadores. Ele tem uma qualificação singular nesta área, pois é graduado em física e fisiologia pela MIT. Anderson também é um verdadeiro homem da Renascença, dada a sua pluralidade: ele lecionou ciência do cérebro, ciência cognitiva, matemática aplicada, ciências neurais, psicologia, ciências biológicas e ciências médicas na Universidade Brown. Anderson é, por assim dizer, um **cérebro**.

Por esse motivo, quando entrei pela primeira vez em seu escritório, no outono de 1998, esperançoso de que ele me aceitasse no programa de doutorado da Brown, eu estava nervoso. Lá estava ele, um homem com olhar pensativo por trás dos óculos de lentes grossas, cercado de livros e papéis, com um cérebro sobre a mesa (eu deveria saber disso). Não era um cérebro de brinquedo ou um modelo em plástico, mas um cérebro de verdade dentro de uma garrafa, tombando um pouco para um dos lados, envolto em um mar de líquido verde escuro.

Na época, eu próprio mal poderia ser considerado um cérebro, muito menos um cientista do cérebro. Fui orientado por Dan Dennett, mas isso é tudo. Entretanto, tinha outro tipo de experiência que esperava contar a meu favor.

Em 1994, alguns anos após concluir a graduação, atendi aos apelos dos meus pais ("Arrume um emprego!") e consegui um emprego na GTE (que, depois de uma série de fusões, mudou seu nome para Verizon). Como eu era o turco (bem) jovem no escritório, fui designado para algo chamado "a Internet" e um projeto chamado SuperPages. O SuperPages acabou se tornando um dos primeiros mecanismos de busca na Internet, um programa que pesquisava as páginas amarelas do Verizon e ajudava consumidores a localizar números de telefone e endereços de negócios.

A cada iteração do SuperPages, comecei a perceber a conexão entre o que eu sabia sobre o cérebro e o que estávamos fazendo *on-line*. Por exemplo, a maneira como as informações eram apresentadas *on-line* afetava diretamente sua percepção e interpretação por seres humanos e pelo *software* da Internet.[10] Percebi que, quanto mais o cérebro servia de modelo em nossos experimentos, melhor era o desempenho do SuperPages. Somado a isso, quando comecei a estudar a

Internet emergente como um todo, tive dificuldade em encontrar áreas sem analogias ao cérebro. Finalmente, ocorreu-me que, se desejava criar empresas baseadas na Internet, precisava adquirir o máximo de conhecimento sobre o cérebro.

Quando conversei com Dan Dennett sobre a ideia, ele respondeu que "o cérebro" envolvia ciência e tecnologia – e não apenas filosofia e psicologia. Eu precisava estudar sobre a ciência do cérebro, segundo ele, e o lugar certo para isso era a Universidade Brown, em Providence, Rhode Island. Ele escreveu uma carta de recomendação e eu me candidatei ao programa de Ph.D. Lá estava eu na frente do escritório de Jim Anderson, faltando (acreditava eu) três a quatro minutos para a entrevista.

O encontro não começou bem. A maioria dos outros candidatos havia trabalhado anos em pesquisas do cérebro. Minha experiência parecia uma piada perto da deles. Mas o fato de Dan Dennett ter me recomendado provavelmente manteve o interesse de Jim Anderson em me entrevistar. Ele me fez algumas perguntas sobre a ciência da mente, assunto que eu não dominava e, depois, mudou de assunto, pedindo para eu falar sobre a Internet.

Respirei fundo.

Eu disse: **"A Internet é um cérebro."**

Não quis dizer "A Internet é **como** um cérebro." Disse: "A Internet **é** um cérebro." Esta era minha última cartada. Na realidade, era a única carta que eu tinha. Imaginei que provavelmente ele me expulsaria dali. Mas lá estava eu. Não tinha como voltar atrás.

Jim Anderson estava ocupado tomando notas (mais parecia estar dando notas a trabalhos), mas quando eu disse aquilo, ele olhou para cima. Começou a falar e, a cada palavra, ficava mais empolgado. Jim Anderson conversou sobre cérebro, tecnologia e evolução, mas especialmente sobre o fato de que sempre acreditou que as telecomunicações tinham seguido os passos do cérebro. Ele falou por mais de uma hora, praticamente sem interrupção, exceto por meus ocasionais acenos com a cabeça e "Hã-hã". Ele até me mostrou anotações e *slides* de uma palestra antiga, fazendo um paralelo entre os dois. Ele disse: **"Esta é uma analogia espetacular!"**.

Um pouco mais tarde, decidi confessar algo: admiti que o motivo real de estar me candidatando ao programa na Brown era meu desejo de obter um Ph.D., mas não para lecionar nem para fazer pesquisas, e sim para abrir uma empresa, quer dizer, diversas empresas, que aplicassem a ciência do cérebro à Internet.

Jim Anderson ficou me analisando por um tempo, sentado naquela sala desorganizada. Finalmente, ele disse: "Você pode participar do programa, mas tem uma condição."

Tremendo por dentro, perguntei: **"O que é?"**

"Quando abrir sua empresa, serei seu primeiro funcionário."

Todos já sabem o final desta história. Abri uma empresa, chamada Simpli.com, e Jim Anderson se tornou um dos fundadores. Em alguns meses, já tínhamos contratado uma boa parte do departamento de ciência cognitiva da Brown. Desenvolvemos uma tecnologia de mecanismo de busca com George Miller, vencedor da medalha Nacional de Ciências, de Princeton. Essa tecnologia hoje é a base dos recursos de publicidade de diversas empresas na Internet.

A melhor parte é que conseguimos vender essa empresa por US$30 milhões, em março de 2000, semanas antes do colapso da bolha da Internet.

Cérebros artificiais

Se há de fato uma pessoa no caminho certo para criar um cérebro artificial, seu nome é Jim Anderson. E sua maneira de fazer isso se assemelha à definição de inteligência de Dennett. Em outras palavras, Anderson está construindo um cérebro em *looping*. Ele se encontra em *looping* porque a abordagem de Jim Anderson não funciona de maneira lógica ou serial (**isto** mais **isto** equivale a **isto**). Como o cérebro, ela opera com algo denominado **processamento paralelo**, em que diversas ideias fazem um *looping* no nosso cérebro simultaneamente. Sob diversos aspectos, o processamento paralelo é a chave para compreendermos e reproduzirmos a inteligência.

Um dos fundamentos do processamento paralelo é o reconhecimento de padrões. Como nosso cérebro incorpora informações em paralelo, ele busca continuamente padrões a serem usados para fazer suposições fundamentadas quanto ao melhor processo a ser empregado. Como resultado, estamos constantemente criando padrões, preenchendo os espaços em branco e interpretando o mundo que nos cerca, em oposição à mera observação de forma independente. Veja a Figura 1.1 e tente evitar ver o triângulo que existe.

É claro que você não consegue porque, enquanto partes do seu cérebro recebem as informações, outras partes preenchem os espaços em branco. Agora repare na Figura 1.2, que mostra três colunas do mesmo tamanho.

FIGURA 1.1

Tente não ver um triângulo

FIGURA 1.2

Qual é a maior coluna?

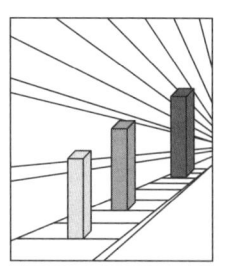

A maioria das pessoas **não acredita** que essas colunas sejam do mesmo tamanho (elas são), mas consegue ver nitidamente um grupo de colunas em cascata à distância. No mundo real, a percepção de profundidade é uma pista visual bem mais importante do que o tamanho. Portanto, esta percepção equivocada não é necessariamente algo ruim. Processamos as informações em paralelo, descartamos o tamanho e focamos a profundidade. Sob diversos aspectos, a nossa sobrevivência tem dependido de nossa capacidade de permitir que as informações mais pertinentes passem para o primeiro plano.

O cérebro evoluiu, passando a processar quase tudo em paralelo. Essa forma de processamento nos possibilitou ter o **pensamento**, a **previsão** e a **consciência**. O cérebro recebe informações e processa as mesmas. Não fazemos isso em um etapas de uma série linear "x, y, z". Nossa mente constrói teorias que competem entre si. Parece que nosso cérebro é de fato um sistema multicomputacional.

Segundo Jim Anderson: "Um dos sistemas é antigo, altamente desenvolvido, bem otimizado, basicamente associativo, orientado à percepção e à memória, lógico." O segundo é "recente, delineado de forma peculiar, não confiável, simbólico e baseado em regras."[11] Em outras palavras, o primeiro sistema se parece muito com um computador; já o segundo, conforme veremos, mais parece a Internet.

É esse segundo sistema – o **córtex cerebral** – que nos confere a inteligência humana. Então, a mente humana tem bilhões de neurônios que trabalham juntos, em paralelo, permitindo-nos caminhar, mascar chicletes, falar e recordar o nome de uma pessoa, tudo ao mesmo tempo. E também é assim que criaremos inteligência real na Internet. Afinal, a única maneira de criar o *looping* e a natureza iterativa da mente humana é através da emulação desta qualidade.

Estamos, por assim dizer, progredindo aos poucos, procurando desvendar o mistério da inteligência humana. Assim como os caçadores de micróbios do passado se debruçavam sobre microscópios para revelar os segredos de organismos responsáveis por tudo, desde a catapora até a febre amarela, os caçadores de neurônios de hoje aproveitam o poder da Internet para estudar os segredos da mente.

Cérebros artificiais, inteligência real

Recentemente, fui conhecer o Ersatz Brain Project, na Universidade Brown, que, como o nome já diz, visa construir um **"cérebro falso"**. Lá encontrei meu caçador de neurônios preferido, Jim Anderson. Sobre sua mesa, não havia um cérebro humano em uma garrafa, mas uma tela de computador. Anderson e seus colegas estavam escrevendo um programa de *software* que utilizava como modelo as redes neurais.[12] Em algum momento, eles alimentarão este *software* no supercomputador de processamento paralelo da instituição. E, partir daí, eles esperam que surjam alguns sinais de inteligência, mesmo que em um nível primitivo.

Ao observar os experimentos do projeto, notei que os programadores de Jim Anderson estavam construindo "minicolunas" de neurônios sintéticos. Cada minicoluna era composta de 80 a 100 "neurônios". Essas minicolunas são a unidade básica do córtex cerebral. O córtex humano, na vigésima sexta semana de gestação, é constituído de um grande número dessas minicolunas, todas dispostas em colunas verticais paralelas.[13] Evidentemente que encontramos muitos deles no cérebro – pelo menos 10^{10} de neurônios, conectados por pelo menos 10^{14} de conexões neurais. No cérebro, essas minicolunas formam *clusters* (conglomerados) que se unem para formar conexões horizontais, ou o que Jim Anderson denomina com propriedade de "rede de redes" (ver a Figura 1.3).

No cérebro, os neurônios trabalham alternando os estados ativo e inativo. Talvez você imagine este processo como preto e branco, mas, quando coloca vários neurônios juntos, em que alguns são pretos e outros são brancos, a expressão geral se transforma em uma espécie de tom de cinza. Podemos fazer o mesmo com *chips* de computadores. Eles se baseiam em valores 1 e 0. Isso corresponde ao nosso preto e branco. Contudo, para imitar redes de neurônios, também podemos cortar os valores 1 e 0 em fatias mais finas – digamos, 0,1 ou 0,06 – e, dessa forma, obter tons de cinza semelhantes aos do cérebro. É isso que a equipe de Anderson espera conseguir fazer.

FIGURA 1.3

Arquitetura modular da rede de redes

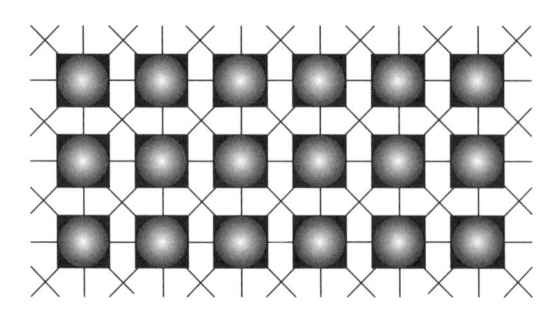

Fonte: Cortesia de James Anderson.

Jim Anderson admite que ele está começando devagar. Segundo ele, sua meta é criar um cérebro **"imperfeito, inferior"**. Mas se ele for pequeno, Jim Anderson poderá incluir componentes adicionais. É como brincar de Lego. Quanto mais peças de Lego você conseguir colocar, mais padrões começarão a se formar. Quando você junta diferentes padrões simultaneamente, um novo padrão se forma. É assim que a mente funciona.

Na verdade, Jim Anderson diz que um computador fortemente em paralelo, que reproduz o córtex humano, agora é tecnicamente viável. Serão necessárias "um milhão de CPUs simples e um *terabyte* de memória para a conexão entre as CPUs."[14] No final, Anderson espera ter dado forma a uma inteligência que é uma "aproximação adequada da realidade". Para ele, isso será "bom o suficiente". Mas esse nível de satisfação não significa que todos os recursos de computadores sejam aproveitados. Ser bom o suficiente, no caso, significa combinar reconhecimento da fala, reconhecimento de objetos, reconhecimento de rostos, controle motor, funções complexas de memória e processamento de informações.

Jim Anderson está trabalhando em uma teoria inovadora e em sua correspondente aplicação. Porém, se estamos procurando um cérebro inferior, ele já está sendo construído em uma escala em massa. Qual é a maior arquitetura paralela do mundo, composta de milhões de computadores conectados uns aos outros? A **Internet!**

Imagine só se a Internet estivesse acostumada a processar informações, e não apenas a transmiti-las. Pois saiba que isto está sendo feito por algumas das maiores empresas do mundo.

Vamos dar uma olhada no que a Pacific Northwest está fazendo.

CAPÍTULO 2

A nuvem de Darwin

AO PERCORRER o estonteante rio Colúmbia, com seus penhascos escarpados, bancos de areia e uma série de cascatas que parecem se enroscar como cordas brancas, caindo dos penhascos, um visitante fica deslumbrado com a magnificência da natureza. A sensação é ainda mais extasiante com a visão de um salmão tentando nadar contra a correnteza, balançando vigorosamente a cauda, tentando forçar a passagem **rio acima** para se reproduzir. Traçando um paralelo, o que dizer então dos praticantes de *windsurf* no rio, que se arriscam em movimentos radicais em direção às velas impulsionadas pelo vento? É a vida diante de algo elementar – uma luta **contra** a natureza, e ao mesmo tempo, da natureza – sem subterfúgios, para que possa ser vista com clareza e em sua plenitude.

Bem perto dali, em uma cidade logo acima do rio, chamada The Dalles, você encontra uma construção misteriosa que surge em meio à paisagem árida. A construção, que ocupa o equivalente a dois campos de futebol, apresenta quatro torres de resfriamento, que despontam na parte superior, e está protegida por uma cerca de arame farpado alta. Quando começaram a construir no local, a população de The Dalles ficou sabendo que o complexo estava sendo construído pelo gigante de buscas na Internet – o Google. Eles sabiam pouco mais do que isso. Os boatos circularam após a notícia de que o gerente de tecnologia da informação (TI) do produtor de cerejas Orchard View Farms, bem próximo dali, fora absorvido no complexo, junto com diversas outras pessoas da localidade. E o assunto foi ainda mais comentado porque os novos funcionários do Google, que assinaram acordos de confidencialidade, não abriam a boca para descrever o que viam ou faziam lá dentro.

Com tantas perguntas sem resposta, o Google finalmente convidou um repórter e um editor do *The Dalles Chronicle* para uma visita. Os repórteres estavam mais acostumados a fazer reportagens sobre a corrida de cães Chinook, a pesca do *walleye* (peixe nativo do Canadá e do norte dos EUA) e o jogo de bingo no The Dalles Senior Center do que sobre as atividades ocultas de um gigante corporativo. Eles foram escoltados, passando por uma cerca alta onde havia uma placa com uma única palavra de advertência: **"Voldemort"**. Esta é uma referência ao personagem de Harry Potter também conhecido como **"Aquele-que-não-deve-ser-nomeado"**. Que medo!

O que o Google chamava de um *tour*, foi uma decepção. O máximo que os repórteres conseguiram ver foi o prédio da segurança e a lanchonete. Só restava-lhes fazer uma reportagem sobre o *buffet* servido pelo Google, que incluía carne de porco grelhada, fatias de carne, *teriyaki* de frango, legumes, saladas e sobremesas. O Red Bull e o *ice tea* em diferentes sabores eram cortesia. Fora da lanchonete, havia Super Soakers disponíveis para os funcionários que quisessem participar de guerras com pistolas de água improvisadas. Depois, o gerente da fábrica, Ken Patchett, apareceu e relatou o quanto apreciava pescar e caminhar na região, e o quanto sua família gostava de morar em The Dalles. Em seguida, os repórteres foram escoltados até o portão de saída.[1]

Se eles tivessem conhecido a parte central da construção, poderiam ter apreciado o seguinte: milhares de computadores pessoais, nenhum tão potente quanto o computador *desktop* topo de linha da Best Buy, condicionados juntos em caixas de metal, cada uma com cerca de quarenta ou cinquenta PCs. O calor de seus processadores formava uma fumaça espessa, que subia até as quatro torres de resfriamento. Eles teriam visto cabos de força na cor cinza e cabos Ethernet nas cores azul e laranja por todo o prédio, conectando os PCs cujas necessidades estavam sendo atendidas por cerca de cem trabalhadores de TI, com protetores de ouvido por causa do barulho ensurdecedor dos ventiladores. Se você conseguir imaginar a cena no filme *Matrix*, em que aparecem seres humanos em campos subterrâneos na época da colheita, terá uma boa ideia da cena naquele prédio, embora a cena do filme mostrasse seres humanos em vez de computadores.

Na verdade, a localização do complexo do Google em The Dalles tem pouco a ver com a qualidade da pesca e das caminhadas locais. O complexo absorve uma enorme quantidade de eletricidade, uma cortesia da Dalles Dam, que fica próximo dali, uma usina de 1,8 gigawatts que antes alimentava uma fábrica para fundição de alumínio, hoje abandonada. A represa diariamente produz energia suficiente para lançar um foguete da NASA (National Aeronautics and Space Administration) no espaço. O segundo motivo para a instalação do Google neste local é a proximidade com a artéria de fibra óptica transpacífico de 640 Gbps, que parte dos arredores de Harbour Pointe, em Washington, rumo à Ásia, por baixo da água. Ao estabelecerem uma conexão vantajosa com a artéria, os computadores do Google conseguem se comunicar com o mundo.

Computação nas nuvens

Por que tanto segredo? Parte da explicação tem a ver com vantagem competitiva. Ao conseguir aglutinar milhares de PCs comuns, o Google criou um supercomputador a partir de pequenas partes. A **fábrica de servidores** de The Dalles (também chamada de **fábrica de multiprocessadores**) era a iniciativa mais avançada, do Google e provavelmente do mundo, em termos de computação paralela: usando vários computadores para executar simultaneamente múltiplas tarefas. Apesar de The Dalles ser uma grande iniciativa do Google, ela não é a única: o Google tem vinte e quatro fazendas de servidores espalhadas pelos EUA. E, apesar de muitos detalhes serem mantidos em segredo, o número total de servidores provavelmente já passa de meio milhão, com algo em torno de 200 petabytes de capacidade de armazenamento em disco rígido e 4 petabytes de espaço disponível em memória RAM. Lembre-se de que um petabyte, aproximadamente 1.000.000.000.000.000 (um quatrilhão) *bytes*, seria suficiente para seu *iPod* guardar mais de um milhão de músicas.

Ao conseguir envolver todas as suas fazendas de servidores em um grande esforço de computação, o Google criou a **computação nas nuvens**, em que um grande poder computacional é gerado a partir de milhares de PCs baratos em um feito de engenharia paralela em grande escala. O principal ponto não é apenas que isso permite reduzir o preço do poder computacional, mas também a maior rapidez com que obtemos informações da RAM (memória de acesso aleatório) de computadores comuns, em relação à unidade de disco espessa e densa de um único supercomputador.[2]

A computação nas nuvens no Google começou com o trabalho de Christophe Bisciglia, um engenheiro da computação de 27 de idade, que não apenas teve a ideia de conectar múltiplos PCs para trabalharem em paralelo (outros haviam sugerido isso), mas também conseguiu colocar o sistema em operação. Desde menino, Bisciglia tinha todas as características de um gênio excêntrico. Até completar dois anos de idade, ele não falava. Certo dia, quando sua mãe dirigia o carro com Christophe no banco de trás e as janelas abertas, ele falou pela primeira vez: "Mamãe, tem uma coisa artificial dentro da minha boca."[3]

Avancemos 25 anos no tempo. O Google já tinha inventado o MapReduce, um *software* proprietário que dividia tarefas individuais em centenas e milhares de tarefas, designando-as a legiões de computadores e, depois, reconstituía a resposta em nanossegundos. Bisciglia foi procurar o CEO (*chief executive officer*, ou executivo principal) do Google, Eric Schmidt, para sugerir a utilização da versão genérica do MapReduce para construir um computador grande a partir de PCs menores. Ele recebeu a bênção de Schmidt.

Em seguida, o CEO da IBM Sam Palmisano implorou por apoio e, com quarenta PCs reunidos, o experimento começou. Isso ocorreu em 2006. Agora o Google tem meio milhão de PCs em paralelo. As estimativas apontam que as empresas que estão construindo fazendas de computação nas nuvens de forma independente (incluindo o Google, a IBM, a Microsoft, o Yahoo! e o Amazon. com) já têm mais de dois milhões de PCs trabalhando juntos. Essas máquinas consomem tanta eletricidade quanto a cidade de Las Vegas em um dia ensolarado de verão. O único desafio é encontrar mais eletricidade (barata) a ser consumida. Não é mera coincidência que a China esteja cogitando construir uma série de fábricas de energia nuclear. A comunidade da computação em nuvens, embora não admita, anseia por isso.

Onde isso tudo vai dar? Mark Dean, chefe do departamento de pesquisas da IBM, em Almaden, na Califórnia, disse que a Internet ficará bem maior com a evolução da computação nas nuvens. Ele disse: "A *Web* é pequena. Um dia, vamos rir ao pensar como ela é pequena hoje."[4]

Na minha opinião, outra citação igualmente importante foi publicada na

BusinessWeek: "Quando partes individuais (de uma computação em nuvem) morrem, em geral após três anos, elas são removidas e substituídas por componentes mais novos e mais rápidos. Isso significa que a nuvem regenera seu crescimento, **quase como um ser vivo** (ênfase adicionada)."⁵

Software egoísta

A afirmação da revista *BusinessWeek* (hoje *Bloomberg Businessweek*) é importante porque ela atenta para o fato de que estamos habilitando uma **evolução** tecnológica. As pessoas costumam falar sobre a história da tecnologia. **Mas o que realmente está se desenrolando?**

No maravilhoso Museu da Ciência e da Indústria de Chicago, você encontra uma exposição surpreendente de locomotivas a vapor, uma atrás da outra, e cada uma mais rápida e eficiente do que a precedente. Outra visita interessante é ao espetacular Museu Aéreo e Espacial de San Diego, onde você pode acompanhar o progresso dos aviões, cada um melhor do que o anterior. Pode comprar livros que relatam o progresso da tecnologia e encontra painéis que retratam seu desenvolvimento. Mas, a certa altura, você precisa perguntar a si mesmo: "Esta marcha de avanço tecnológico aconteceu por acaso ou existe algo mais por trás disso?" Para responder esta pergunta, podemos começar constatando que muitas pessoas acreditam que a história da tecnologia não é de fato uma história; ela é uma evolução no sentido darwiniano – uma evolução **tecnológica**.

As pessoas brincaram com este conceito durante anos, das mais variadas formas. Benjamin Franklin comentou que: "O homem é um animal que fabrica ferramentas."⁶ Em meados de 1800, havia um senso de orgulho, de **"destino manifesto"**, pois navios a vapor e locomotivas norte-americanas ultrapassavam os limites do país rumo a outras nações. O conceito acabou englobando um senso de orgulho nacional na inventividade e no progresso geral dos norte-americanos, conforme exemplificado pela chegada da eletricidade, do automóvel e do avião. Toda nação industrializada tem o que contar em relação à ideia de progresso ao conduzir sua história.

Mas por quê? Existiam diversas teorias a respeito do assunto. Com exceção da ideia de que o progresso era bom, a pergunta pairou no ar. Em vez de se preocupar com a origem do progresso, pensadores econômicos utilizaram seu talento para sugerir como transformá-lo. Adam Smith sugeriu a fragmentação da produtividade em unidades gerenciáveis – dando origem ao que conhecemos como produção em massa e a base da era industrial. Em seguida, Alfred Sloan (junto com Pierre Du Pont e, por fim, Peter Drucker) desenvolveu essas ideias, apresentando o **modelo de gerenciamento organizacional do século XX**.

Esta teoria de gerenciamento envolvia a introdução das noções de hierarquia e responsabilidade individual, além da criação de divisões, que, juntas levaram ao conglomerado. Os líderes emblemáticos deste novo modelo organizacional eram a General Motors (GM), a General Electric (GE), a U.S. Steel e a Standard Oil Company. Com o advento da computação, da tecnologia e da Internet, as informações ficaram mais acessíveis a todos em uma organização. Em seguida, muitos pensadores desenvolveram novas ideias para moldar uma organização e estimular a criatividade e a inovação entre as quatro paredes corporativas.

Mas pouco se sabia sobre as origens da inovação até 1976. E as informações vieram em uma bala de canhão de uma fonte inesperada: os corredores dos centros de biologia, cheirando a formol. Naquele ano, um jovem cientista de Oxford chamado Richard Dawkins sugeriu que Darwin havia contado apenas parte da história da evolução. Darwin disse que a evolução envolvia mudanças em nível das espécies, em que a mutação e a seleção natural levavam ao êxito dos mais **"adequados"** (e adaptáveis).

Mas Dawkins partia do princípio de que a seleção natural, na verdade, começa em um nível bem mais profundo, no nível dos genes, que lutam entre si para determinar quais deles sobreviverão até a próxima geração. Em outras palavras, as espécies evoluem, mas o mesmo ocorre com os genes.

A teoria de Dawkins serviu de base para o livro *O Gene Egoísta*, que vendeu mais de um milhão de exemplares em vinte e cinco idiomas.[7] Dawkins foi logo atacado por darwinistas radicais, que contestaram sua teoria, e por criacionistas, que condenaram sua mensagem por considerá-la um exemplo de ateísmo frio. Sempre que você é alvo de censuras dos dois lados em um debate, é sinal de que tem **uma grande ideia em mãos**.

Dawkins tinha outra surpresa a ser revelada. A segunda grande ideia é a de que os "genes egoístas" não são a única coisa que orienta todas as coisas vivas daí em diante. Também existem *memes* **egoístas**. O que são *memes* egoístas?

Dawkins disse que um *meme* é uma **"unidade de cultura"** que é transmitida por imitação e é naturalmente selecionada por sua **popularidade** ou **longevidade**. Um *meme* é um pensamento ou uma ideia e, portanto, se desenvolve e se propaga através da seleção natural.

Dawkins classificou os *memes* como "melodias, ideias, frases feitas, roupas, modas, formas de confeccionar recipientes ou de construir abóbadas." Mitologias, canções folclóricas, modismos e conhecimento são o produto de *memes* egoístas – por exemplo, como produzir fogo, como forjar o ferro, como confeccionar um recipiente e até mesmo como construir uma fábrica de automóveis ou de lâmpadas. Ele fez a seguinte observação: "Assim como os genes se propagam através do espermatozoide ou dos óvulos, os *memes* se propagam no *pool* (união) de *memes*, saltando de um cérebro para outro, através de um processo que, em sentido amplo, poderia ser chamado de **imitação**".[8*]

Se as ideias evoluem, saltando de uma pessoa e de uma geração para outra, seria um exagero supor que essa tecnologia pode também evoluir? Vamos chamar isso de **"*software* egoísta"**. É semelhante ao que o antropólogo francês André Leroi-Gourhan denominou a **"liberação de ferramentas"**, pois as ferramentas faziam parte do imaginário dos inventores bem antes de serem "liberadas" para se materializarem na bancada de trabalho. [9]

Certamente, a tecnologia nem sempre avança de forma linear. Quando tecnologias menos avançadas procuram ser mais eficientes, oferecer um custo menor ou abrir novos mercados como forma de obter vantagem competitiva, a marcha da tecnologia costuma assumir a forma de uma curva em S (conforme destacado no livro *The Innovator's Dilemma*).[10] Mas a evolução biológica também não ocorre de maneira uniforme (na verdade, Darwin fez uma anotação para se lembrar de não rotular mudanças evolucionárias específicas de "boas" ou "ruins"). Nos dois casos, não estamos falando de progresso, mas sim da marcha evolutiva. [11]

Será que o **gene egoísta** ficou frustrado com a evolução lenta do cérebro humano (em cinquenta mil anos, não podemos dizer que tivemos um avanço biológico decente) e, assim, decidiu pular a cerca do mundo orgânico e passar para o inorgânico? Será que os genes egoístas criaram *memes* egoístas

---

* Nota da tradutora: tradução livre.

para trabalhar para eles? E será que foi isso que nos levou ao *software* egoísta? Será que é por isso que a humanidade, que se encontra tão aprisionada em moléculas de carbono, é impulsionada a inventar máquinas feitas de areia e metal? Não estou totalmente convencido disso. Mas, quando consideramos a história da tecnologia como a evolução da tecnologia, a perspectiva é estimulante.

Quebrando o código digital

Tudo isso desperta um especial interesse quando falamos de computadores porque o *software* de computador e a genética não são tão diferentes quanto parecem. Na realidade, Dawkins fez o seguinte comentário sobre o código genético: "O código genético é de fato digital, exatamente no mesmo sentido que os códigos dos computadores. Não se trata de uma analogia vaga, mas de uma verdade literal".[12] Por conseguinte, vale a pena compreender como somos capazes de reproduzir o código genético.

A história da máquina pensante data de 1832, com o computador mecânico de Charles Babbage: um conjunto de engrenagens de madeira pesando 17 toneladas, operado manualmente, que pela primeira vez reproduzia a lógica de uma etapa de cada vez, dos humanos – chamados, na época, de **"computadores"** (Note que, naquele tempo, as empresas, muito preocupadas com questões de remessa, se referiam às pessoas contratadas para fazer cálculos matemáticos e básicos como "computadores". A invenção de Babbage se destinava a substituir essas pessoas). Em seguida, Babbage tinha planos de construir uma máquina capaz de executar a lógica simples: **Se** ocorre isso, **então** provocará aquilo. Ele imaginava um computador com três metros de altura, três metros de largura, um metro e meio de profundidade e movido a vapor. Isso nunca saiu do papel e Babbage morreu sem conseguir realizar seu sonho.

Voltemos no tempo, uns 75 anos. Em 1936, Alan Turing, um matemático britânico, desenvolvia uma teoria. Ele pressupunha que qualquer processo pode ser descrito como uma computação, orientada por valores 0 e 1, que é a suposição subjacente aos computadores modernos. O neurocientista Reed Montague fez um resumo das ideias de Turing: "Podemos dizer que suas ideias estavam à frente da teoria de Darwin por dois motivos principais. Primeiro, as ideias de Turing transformam a descoberta de Darwin em uma computação – elas retratam a própria evolução como um algoritmo: **variar, selecionar, reter** ou **descartar**." E prosseguiu, dizendo que as ideias de Turing "conseguem unir **vida, mente** e **máquina**".[13]

Como a vida se baseia em algoritmos, as mentes são operadas com base em algoritmos. E sabemos que as máquinas operam com base em algoritmos; portanto, todas são fundamentalmente iguais [Se você criasse um modelo Tinkertoy deste pensamento, teria um bloco em madeira do tamanho de uma bolacha *cracker* redonda no meio como o processador, além de três aros em madeira – a vida (evolução), a mente e as máquinas - todos conectados ao bloco central formando um círculo].

A ideia de Turing era revolucionária. Steven Pinker, psicólogo de Harvard, comentou: "Na medida em que o mundo obedece a equações matemáticas que podem ser resolvidas passo a passo, é possível construir uma máquina que simule o mundo e faça previsões sobre ele." E prosseguiu: "Na medida em que o pensamento consiste em aplicar **qualquer** conjunto de regras bem especificadas, pode-se construir uma máquina que, em certo sentido, pense."[14]

Outros computadores Turing foram criados. Em 1940, um computador chamado Robinson conseguiu decodificar mensagens do *Enigma*, a máquina alemã com algoritmos cifrados. Em 1943, um computador ainda mais potente, chamado *Colossus*, foi usado por cientistas britânicos para decodificar mensagens alemãs. Em 1944, o computador *Mark I* conseguiu fazer programação controlada por fita de papel perfurado.

Em 1945, John von Neumann publicou um trabalho em que descrevia em detalhes como construir algo bem próximo do que conhecemos como um **computador moderno** (o EDVAC). Ele combinou os dois fundamentos da computação moderna: **programas armazenados** e **memória**. Além disso, essa era uma máquina que operava através de centenas e milhares de valores 0 e 1 (*bits* de informações) divididos em "palavras" de 8, 16, 32 e 64 *bits*. O interessante na proposta de von Neumann para esta máquina era não apenas a frequência com que ele descrevia suas funções em termos de comportamento humano (memória), mas também como ele comparou especificamente suas funções com aquelas do neurônio – o dispositivo elementar de distribuição que faz a eletricidade circular no cérebro.[15]

Desde a proposta de von Neumann, o setor de computação ganhou cada vez mais impulso. Gordon Moore, o cofundador da Intel, foi um dos primeiros a notar que, nos últimos vinte anos, a cada **dezoito meses**, o setor de computação apresenta o **dobro do crescimento**. No mesmo período, a taxa de queda nos custos foi inversa. Conforme observado pelo autor e inventor Ray Kurzweil, se o automóvel tivesse evoluído no mesmo ritmo, hoje um carro custaria uma ninharia e se movimentaria mais rápido do que a velocidade da luz.[16]

Retornando a The Dalles

Lembro-me de refletir sobre o ritmo desta evolução às margens do rio Colúmbia, em uma visita, em 2005, enquanto observava a luta do salmão se debatendo para vencer os degraus de uma escada de peixes construída por seres humanos. O impulso incansável, arrebatador de nossa espécie para criar inteligência é semelhante – não é um impulso racional, mas sim uma compulsão elementar incompreensível, algo comparável à própria força da evolução.

Mas para onde esta jornada tão difícil rio acima está nos levando? Gosto da forma como George Gilder definiu isso numa edição recente da revista *Wired*: "A próxima onda de evolução aglutinará as soluções paralelas existentes em uma convergência evolucionária de eletrônicos e sistemas ópticos... Dessa forma, o computador do tipo *petascale* (com enorme capacidade de armazenamento) encolherá, passando de um dinossauro para um *teleputer*, o sucessor dos portáteis de hoje, acoplados à sua orelha ou usados como trajeto do sinal... além disso, o computador estará vinculado a trilhões de sensores ao redor do planeta, atualizando-o continuamente sobre o estado físico do mundo."[17]

Esta nova onda de evolução já está a caminho. As nuvens da computação de processamento em paralelo estão transplantando a funcionalidade do computador comum. Estamos passando de um computador individual para um computador em rede. O Google, a Microsoft, a Amazon.com, o Yahoo! e outros estão abrindo suas nuvens a outros negócios para que as empresas comecem a utilizar o poder da computação em vez de seus próprios PCs e servidores. Uma de minhas empresas, a Web.com, tem quase 300.000 pequenos negócios que alavancam nossa nuvem. Milhões de empresas estão desistindo de soluções centralizadas e optando por um espaço alugado em uma nuvem.

A computação nas nuvens

Isto nos remete novamente à nuvem do Google. **Por que o complexo de computação é mantido em segredo? Por que usaram a advertência inspirada em Harry Potter?** Por que os engenheiros e cientistas do cérebro do Google estão proibidos de falar qualquer coisa sobre suas atividades dentro do Google? Certamente, parte disso tem a ver com o fato de a nuvem do Google ser um grande computador robusto – um supercomputador. Essa é, sem dúvida, uma conquista. Mas há muito mais a ser desvendado em relação a esses segredos.

Na verdade, o Google e os outros fabricantes de nuvens esperam que suas nuvens de computação paralela consigam criar uma inteligência semelhante à inteligência humana. Em outras palavras, sua busca por uma computação melhor distribuída é a mesma busca do caçador de neurônios Jim Anderson e de seu grupo Ersatz Brain. A meta: criar o sistema iterativo, em *looping*, encontrado na mente humana.

O esforço do Google é liderado pelo *MapReduce*, um programa de *software* simples e poderoso, que habilita a paralelização automática e a distribuição de computações em larga escala. Em outras palavras, ele permite ao Google utilizar a nuvem e a Internet para pensar em paralelo. O *MapReduce* faz o que o nosso cérebro faz: ele categoriza (mapeia) informações importantes, distribui esses dados na sua fazenda de servidores de PCs e, depois, elimina (reduz) dados irrelevantes. Em contraste, os computadores (diferente do *MapReduce* e do cérebro) absorvem tudo. E o *MapReduce* faz tudo isso sem a rigidez do computador convencional (um vice-presidente sênior do Google vangloriou-se recentemente: "Ninguém constrói servidores tão confiáveis quanto os nossos").[18] O Google agora utiliza o *MapReduce* em mais de dez mil programas, que incluem o processamento de imagens por satélite, problemas de aprendizagem por máquina em grande escala, o processamento de linguagem e a resposta a consultas populares. A cada dia, ele processa aproximadamente 100.000 funções e condensa 20 petabytes de dados.[19]

Em um relatório recente dos inventores do MapReduce, eles fizeram uma observação: "Ele tem sido usado em diversos domínios dentro do Google, incluindo: problemas de aprendizagem de máquina de grande escala; problemas de *cluster*...; extração de dados para gerar relatórios de consultas populares;

extração de propriedades de páginas da Internet para novos experimentos e produtos...; processamento de dados de imagens por satélite; processamento de modelo de linguagem para tradução automática de estatística; e computação de gráficos em larga escala."[20] Em outras palavras, as tarefas executadas pelo Google são semelhantes às funções executadas pelo cérebro: aprendizagem, categorização, visão e linguagem.

Esta diversidade de tarefas é uma porta aberta para a análise de grandes volumes de informações, desde *petabytes* de dados nos hábitos de votação dos norte-americanos, flutuações de bilhões de tarifas individuais de companhias aéreas, pontuações de *petabytes* de dados de saúde. A revista *Wired* publicou recentemente: "O maior desafio da era do *petabyte* não será o armazenamento de tamanho volume de dados, mas sim a descoberta de uma maneira de dar sentido a eles."[21] Dar sentido aos dados: **a inteligência da Internet caminha nesta direção!**

A Internet como uma computação em nuvem

Qual é a relação entre a Internet e a computação em nuvens? A Internet é uma nuvem, ou seja, uma nuvem de computadores associados, que se comunicam. Ela não costuma ser usada para computação, mas nada impede que utilizemos a Internet inteira como uma grande nuvem de computação.[22] Se você juntar a Internet e a computação nas nuvens, terá uma máquina integrada que executa as três funções mais importantes do cérebro: **armazenamento de informações**, **processamento** e **comunicação**.

Quando as nuvens do processamento e as nuvens da comunicação se mesclarem, e quando operarem em níveis paralelos no cérebro, de forma casual e em *looping*, uma inteligência semelhante à humana provavelmente será disseminada na Internet. Eric Schmidt, CEO do Google, declarou em 2003, alguns anos antes de entrar para o Google: "Quando a rede ficar tão rápida quanto o processador, o computador sozinho ficará sem sentido e será expandido para a rede."[23] É desta forma que todas as informações devem ser aglutinadas na Internet, assim como nosso modelo do cérebro em papel; em que padrões devem ser estabelecidos, em que vários rascunhos vivem e morrem, possibilitando a criação da inteligência.

Em um artigo recente do *The New York Times*, Bill Gates reconheceu que o ritmo do avanço tecnológico, com seu impulso em direção à inteligência, é tão implacável quanto a luta do salmão para conseguir migrar rio acima. Em relação ao empenho do Google nesse sentido, ele disse: "Eles criaram o *MapReduce*. Contudo, temos o *Dryad*, que é melhor." Ele fez uma pausa e depois admitiu a inevitabilidade de algo mais forte e mais adequado: **"Mas eles vão criar algo ainda melhor"**.[24]

O ditame evolucionário desta vez é cortesia de Bill Gates.

PARTE II

A inteligência da Internet

CAPÍTULO 3

Um palpite inteligente

GAVIN POTTER não é cientista da computação nem programador. Ele é o favorito em um dos concursos de programação de computadores mais empolgantes dos últimos tempos.

O concurso foi organizado pela empresa de locação de filmes *on-line* Netflix. A empresa tem uma tecnologia, chamada Cinematch, que ajuda os clientes a localizar bons filmes. **Como?** A Netflix faz uma combinação de algoritmos para coincidir as seleções anteriores de um cliente com milhares de outros filmes possíveis. (a Netflix chama isso de modelagem linear estatística simples, com muito **"condicionamento de dados"**)[1]. A Netflix pode até recomendar o "filme perfeito para dois", algo que, considerando os gostos Vênus-Marte de muitos casais, deve ser considerado um **pequeno milagre**.

Mas o Cinematch tem uma grande falha: seus algoritmos tendem a recomendar os *best-sellers* (porque sucesso gera mais sucesso) chegando a ponto de ignorar os filmes menos conhecidos, que poderiam realmente agradar determinada pessoa. **O que fazer?** A Netflix pediu ajuda aos seus clientes. Na realidade, ela ofereceu **1 milhão de dólares** para quem conseguisse aperfeiçoar pelo menos em 10% o processo de recomendação de filmes do Cinematch.

Assim nasceu o prêmio Netflix. Alguns meses após seu lançamento, cerca de 25 mil equipes e indivíduos se inscreveram para concorrer ao prêmio Netflix. Em sua maioria, eles eram ases da computação e da matemática. Em outubro de 2007, (o final do primeiro ano do concurso), um grupo de ex-alunos de Princeton ficou em segundo lugar com um programa que era 8% melhor. Uma equipe da AT&T ficou em primeiro lugar por ter conseguido um aperfeiçoamento de 8,43% na fórmula da Netflix. As duas equipes utilizaram algoritmos complexos para melhorar a fórmula. Mesmo assim, **ninguém conseguiu atingir os 10% de aperfeiçoamento** necessários para ganhar 1 milhão de dólares.

Foi então que Gavin Potter entrou em cena. Sua primeira tentativa melhorou o algoritmo da Netflix em 7,15%; na segunda tentativa, ele atingiu 8%; ao tentar pela terceira vez, menos de um mês depois, conseguiu uma melhoria de 8,07%. Em outubro de 2008, ele já tinha alcançado quase 8,79%. Afinal, quem era esse cara? Foi necessário enviar um repórter da *Wired* para rastreá-lo. Era um consultor aposentado, de 48 anos de idade, formado em psicologia pela Universidade de Oxford, que trabalhava em casa, perto de Londres. Quando o repórter perguntou por que ele decidiu participar do concurso, ele disse que parecia divertido. E complementou: "Um psicólogo desempregado, como eu, tem algum tempo livre."[2]

Que valor um psicólogo pode agregar a um jogo de adivinhação da ciência da computação? Parece que ele tem muito a oferecer porque a resposta ao enigma da Netflix – **prever o que pode agradar a alguém** – tem muito mais a ver com a maneira pela qual o cérebro humano funciona do que com a criação de um algoritmo para satisfazer um computador.

Talvez não consigamos fazer uma previsão do tempo para a semana que vem, mas, de muitas outras formas, o cérebro é uma excelente máquina de previsão. Nos primórdios da humanidade, por exemplo, não era necessário ver a presa para saber que um animal estava por perto. Os seres humanos conseguiam prever o progresso desse animal observando suas pegadas e rastros. Na realidade, sem essa capacidade de prever o futuro iminente, os primeiros seres humanos teriam sido devorados por qualquer animal que estivesse na espreita, esperando o melhor momento para atacar.

Isso nos remete a outra maravilha do cérebro: a **intuição**. Sem a intuição, a raça humana estaria arruinada há muito tempo. A intuição é a capacidade do cérebro de ler padrões e reagir adequadamente. Por exemplo, você não precisa saber centenas de detalhes sobre um objeto enroscado que aparece no meio do caminho para dar um pulo. O cérebro instantaneamente intui que se trata de uma cobra. Mas talvez o objeto seja apenas uma corda enrolada – e você deu um pulo desnecessariamente, apenas para divertir seus colegas que estão escondidos atrás das árvores. Mas isso ocorre porque o cérebro foi construído para reagir rapidamente. Ele não fica aguardando todos os detalhes. Na verdade, detalhes em excesso podem atolar o cérebro. Isso mesmo: o **excesso de informações** é **ruim**. Isso pode realmente levar a um tipo de congelamento da mente. É difícil acreditar nisso? Acompanhe a história do sobrinho de Ben Franklin.

Um dia, Benjamin Franklin percebeu que seu sobrinho predileto não conseguia decidir com quem deveria se casar; ele precisava escolher entre duas moças bonitas. Franklin aconselhou o rapaz a fazer uma lista com duas colunas, colocando os atributos de uma moça na coluna da esquerda e os atributos da outra na coluna da direita. Franklin disse, então, que o rapaz só precisava eliminar os atributos que fossem equivalentes em peso. A moça com o maior número de atributos seria a escolhida.

O rapaz criou uma lista, eliminou os atributos equivalentes e, depois, percebeu que a moça que ele realmente amava (e com quem gostaria de se casar) **era a que tinha menos atributos**. Pobre tio Ben. Esta história fascinante, contada por Gerd Gigerenzer em *Gut Feelings*, destaca um ponto importante: as intuições que se baseiam em um bom motivo em geral são mais precisas do que as conclusões resultantes de vários estudos com base em grandes volumes de dados.[3]

O que esta história tem a ver com a Netflix? No caso da Netflix, a maioria das equipes que disputavam o prêmio estava criando algoritmos com base no acúmulo de mais dados do que a fórmula original da Netflix continha. Mas Potter teve a ideia oposta. Ele criou sua solução com **menos** informações, incluindo apenas alguns filmes que representavam o gosto do expectador, e não todos os filmes. Assim como ocorre no cérebro, como a solução de Potter era mais simples, os cálculos foram bem mais rápidos.

Até onde sei, Potter ainda não alcançou o aperfeiçoamento de 10% necessário para ganhar o prêmio (e nenhuma outra pessoa também). Mas a lição é clara: o cérebro é inteligente graças à rapidez com que discerne padrões e depois faz suposições, e não em função do volume de dados que é capaz de ingerir. É isso que torna o cérebro uma máquina de previsão. Nem sempre o associamos a essa imagem.

Levitação mental

Em *O Paradoxo da Sabedoria*, o neurocientista Elkhonon Goldberg descreve o processo que costumamos chamar de revelação, epifania ou momento **eureka**: "[...] ao tentar resolver um problema cabeludo, uma associação aparentemente distante muitas vezes aparece num estalo como um *Deus ex machina**, que no começo não tem nada a ver com o assunto, mas que acaba oferecendo uma solução maravilhosamente eficaz para o problema. Coisas que antes se separavam agora revelam suas ligações. Isso também acontece sem esforço algum, por si só, enquanto me sinto mais como um receptor passivo de um golpe de sorte mental do que um agente ativo e dedicado em minha vida mental." Goldberg chama isso de **sabedoria inesperada** e acha que, à medida que envelhece – para seu contentamento – essa característica se acentua mais do que quando era jovem. "Com a idade, perdi minha capacidade de grande esforço mental, mas parece que ganhei em termos de capacidade de *insight* instantâneo, que vem com facilidade, de forma quase injusta", afirma Elkhonon Goldberg. Na realidade, trata-se da sabedoria, aquela **"levitação mental"**[4]**

Esta vantagem é adquirida não pelo fato de a mente de Goldberg ser uma máquina de calcular, mas porque a mente desenvolveu associações, memórias e um **mecanismo de antecipação** que calcula o total além da soma de suas partes.

A sabedoria não é um fenômeno que ocorre fora do cérebro. Como diz Goldberg, ela não está "pairando sobre nossas cabeças como a auréola de um santo".[5] Ela é um produto do cérebro. É esta bola pegajosa de 1,36kg que nos habilita a movimentar os olhos rapidamente e a saltar antes do ataque de uma cascavel. Ele nos permite decidir rapidamente sobre os pormenores de uma ida ao *shopping*, por exemplo – um feito que manteria um computador ocupado por anos a fio. Por fim, a sabedoria vem do cérebro. Ela nos confere a capacidade quase que mágica de resolver problemas e fazer julgamentos."***

O que justifica em parte essas dádivas é um aparente ponto fraco do cérebro: nosso **sistema de memória imperfeito**. Conforme disse anteriormente, o cérebro é uma máquina ineficiente. É caro manter lembranças e, portanto, a

---
* Expressão latina vinda do grego que significa literalmente: "Deus surgido da máquina".
** Nota da tradutora: tradução livre
*** Nota da tradutora: tradução livre

maioria delas some rapidamente. O cérebro também é lento. As transmissões para o córtex cerebral variam de um a trinta metros por segundo ao longo dos axônios e cerca de um terço de um metro por segundo ao longo dos dendritos. Comparado à velocidade de transmissão de um computador ou de uma rede de fibra óptica (a luz percorre cerca de 300 milhões de metros por segundo), o **cérebro é um preguiçoso**. Somado a isso, um neurônio leva em torno de dois milésimos de segundo (um milésimo de segundo se você for muito rápido) para ser ativado e desativado na cabeça. Um computador faz isso um milhão de vezes mais rápido. Finalmente, os disparos dos neurônios ocorre entre vinte e cem vezes por segundo (tecnicamente falando, eles podem chegar a centenas de pulsos por segundo, mas depois ficam exaustos). Essa velocidade não é nada comparada àquela do transistor padrão no seu *laptop*.[6]

Estes pontos fracos, juntos, explicam por que os seres humanos precisam procurar continuamente prever o que está por vir. Seja qual for o nome que damos a isso, adivinhação ou intuição, o fato é que o cérebro nos ensina a fazer isso recompensando nossos palpites certos. Ele distribui pequenas doses de dopamina (a mesma substância que é produzida em excesso quando um viciado em drogas ilícitas utiliza, por exemplo, a heroína) pelo cérebro (de cada lado do tronco cerebral, temos cerca de vinte mil neurônios de dopamina, que enviam longos axônios para o cérebro inteiro). O desejo por essas doses de dopamina estimula a geração de palpites inteligentes.

Suponhamos que você esteja vendo um pedaço de chocolate bem na sua frente. Com base na experiência, seu cérebro prevê que o chocolate será saboroso e, assim, sua mão alcança esse pedaço de chocolate e o coloca na sua boca. A próxima etapa é ainda mais importante: esqueça o pedaço de chocolate. Basta dizer a palavra *Godiva* e você terá uma reação biológica semelhante. Seria um equívoco traçar uma semelhança direta dos seres humanos com os cachorros de Pavlov.[*]

E como explicar conceitos com carga emocional, como a liberdade de expressão? Ou taxas mais elevadas? Ou a maternidade? Ou uma torta de maçã?

---

[*] Nota da tradutora: O cachorro de Pavlov ficou conhecido devido a uma experiência feita no início do século XX. Pavlov baseou seus estudos no condicionamento: ele fez a experiência de alimentar cães ao som de uma música determinada; posteriormente, ao ouvirem apenas a música, suas cobaias reagiram com secreção de saliva e de sucos gástricos. (fonte: http://pt.wikipedia.org/wiki/Ivan_Petrovich_Pavlov)

Para muitos desses conceitos, a reação do cérebro é pré-configurada (seja o resultado positivo ou negativo) com base na experiência. O padrão é definido. Um valor foi atribuído à coisa. Portanto, o cérebro não precisa criar um novo pensamento sobre isso. Ele já previu sua reação.

Como diz Dan Dennett, "Todos os cérebros são, na essência, máquinas de **antecipação**"[7] Esta é a principal função do cérebro para nós. Ele não se restringe a isso, mas o cérebro é um recurso caro demais para ser empregado com fins evolutivos. Você discorda disso? Pense no ouriço-do-mar jovem, que luta para sobreviver até encontrar um refúgio na fissura de uma rocha. Dennett diz: "Quando ele encontra finalmente um local onde pode se estabelecer, ele não precisa mais do cérebro; então, ele come seu próprio cérebro (é como adquirir o direito de posse)."[8] Os cérebros são caros demais (e fonte de nutritivos) para serem desperdiçados.

Nós, seres humanos, fazemos uso da antecipação todo dia. Pense no que acontece quando você olha ao seu redor. Quando você gira uma xícara de café da esquerda para a direita para poder segurar a alça, sua mente não analisa novamente a xícara inteira. Ela não precisa começar do zero. Em função de experiências anteriores, ela sabe que a xícara de café é a mesma. Ela apenas percebe a mudança na posição da alça.[9] Da mesma forma, ao sairmos de casa pela manhã pela porta da frente, nosso cérebro sabe exatamente o que esperar. A memória nos ajuda bastante. Os padrões estão ali. Se, ao sair pela porta da frente de manhã, você encontrar um corpo de um defunto na sua calçada, isso certamente não passará despercebido. Mas você não precisa notar a presença de uma árvore de carvalho no jardim da frente e analisá-la como se ela nunca tivesse existido ali antes.

O interessante disso é que Platão, em sua famosa *Teoria das Formas*, afirmava que existe uma árvore perfeita, uma flor perfeita, um modelo perfeito de tudo no mundo superior. Por séculos, filósofos exploraram o significado dessa afirmação. Hoje, a ciência do cérebro apresenta uma nova revelação: nosso cérebro mantém representações perfeitas das coisas, ou seja, padrões de memória (como, por exemplo, a cena tão agradável aos seus olhos a cada manhã, quando você abre a porta da frente de sua casa), que podem ser ativados com rapidez e a baixo custo. Em relação a essa imagem protótipo, o cérebro faz apenas uma comparação rápida, observando o que há de novo. Esses padrões de memória são, evidentemente, previsões – expectativas antecipadas do que ainda veremos. Segundo o psicólogo Steven Pinker, de Harvard, esses padrões são "a simulação interna de possíveis comportamentos e suas consequências antecipadas". [10]

Choque futuro

Para descobrir o que fazer, o cérebro precisa **contemplar o futuro**. Ele precisa imaginar coisas. Precisa simular possíveis cenários futuros. Além disso, o cérebro também deve avaliar esses cenários para determinar os mais prováveis. E depois, para economizar energia (para que não precise fazer isso repetidamente), ele deve **aprender** com essas simulações. E o tempo verbal do pensamento não deve estar no presente, nem no passado, mas sim no futuro: **"O que farei agora?"**

O pensamento prospectivo é a forma encontrada pelo cérebro de desacelerar diante da incerteza, de fazer apostas com base na experiência. Além disso, o cérebro humano tem o dom de aprender não apenas o que de fato ocorreu, mas também o que **não ocorreu**. Segundo Pinker, "[...] nós, mortais, temos de fazer suposições falíveis com base em informações fragmentárias."[11]

Muitas previsões são orientadas pela **amígdala**, um aglomerado em forma de amêndoa, de estruturas interligadas, situado acima do tronco cerebral, próximo à parte inferior do anel límbico. A amígdala não processa o raciocínio, mas sim a paixão e a emoção. Porém, ela também exerce um papel importante nas previsões. Na realidade, em momentos de crise, a amígdala pode entrar em ação quando o neocórtex, sede do pensamento racional, ainda está em vias de tomar uma decisão sensata.[12]

Pense novamente na imagem da cascavel que surge no seu caminho: o sinal visual parte da retina para o tálamo. O **córtex visual** recebe o primeiro reconhecimento do objeto enroscado, analisando o significado daquele tipo de forma. Em seguida, ele transmite as informações para o neocórtex, dando continuidade ao processamento. Isso faz sentido. Mas, recentemente, pesquisadores revelaram que parte da resposta vai diretamente do tálamo para a amígdala, evitando o neocórtex (processamento paralelo em ação). Como a amígdala pode abrigar memórias, essas memórias podem nos fazer reagir, embora não saibamos o motivo. Não analisamos o objeto rastejante que está no chão; simplesmente pulamos.

"Enquanto o hipocampo lembra os fatos puros, a amígdala retém o sabor emocional que os acompanha [...] Isto significa, na verdade, que o cérebro tem dois sistemas de memória, um para fatos comuns e outra para aqueles que são carregados de emoção", diz Daniel Goleman. "Assim como há um sussurro constante de pensamentos em segundo plano na mente, também existe um afloramento emocional constante."[13] O interessante é que, diferente de outras partes do cérebro, a amígdala está totalmente formada no nascimento de um indivíduo. É claro que ela foi considerada extremamente essencial à sobrevivência, a ponto de merecer esse nível de prioridade.*

Então, temos um cérebro que enxerga padrões e não *pixels* de informações individuais; um cérebro que usa o conhecimento armazenado para antecipar coisas; e um cérebro que tem intuição. Para a geração pós-guerra, a boa notícia é que, com o tempo, o cérebro só tende a melhorar. É evidente que os neurônios no cérebro morrem, mas nossa sabedoria aumenta.

Em virtude de seus pontos fracos, o cérebro é uma máquina maravilhosa do pensamento. Ele pode chegar a respostas através da intuição, "algo que nenhum mecanismo de busca concebível, mesmo que opere por toda a existência do universo, será capaz de conseguir."[14] É exatamente por isso que Gavin Potter tinha uma vantagem em relação aos cientistas da computação no tratamento do desafio da Netflix: como psicólogo, ele buscava a resposta humana, e não uma resposta oferecida por uma máquina.

Falhas lógicas

A sabedoria convencional nos faria crer que o pensamento claro, racional é a base da inteligência humana. Afinal, nos ensinaram sobre a veracidade de proposições categóricas tais como: "todos os palhaços são engraçados; alguns palhaços são pessoas tristes; portanto, a previsão: algumas pessoas tristes são engraçadas?" Os diagramas Venn (conhecidos especialmente por consultores e estrategistas de negócios) são formas comuns para expressar essa lógica. Também existe a álgebra booleana (uma homenagem ao matemático inglês

---

* Nota da tradutora: tradução livre de alguns trechos.

George Boole), que pode expressar estas relações na linguagem da matemática. A álgebra booleana, na verdade, é o que orienta computadores. Ela permite que eles calculem e resolvam problemas.

Mas se você deseja uma máquina com inteligência **humana**, esta não é a maneira certa de fazer isso. Imagine que você está jogando xadrez da forma como um computador deve jogar. Foi calculado que não existem 20, 50, 150 ou mesmo 3.000 movimentos possíveis em um jogo de xadrez. O valor é 10 elevado a potência 120 (10^{120}), ou seja, 1 seguido de 120 zeros. Conforme explicado por James Hogan, esse total supera em muito o número de átomos no universo. [15]

Vamos pensar agora em algo menos árduo do que o jogo de xadrez. Que tal circular pela cidade para cumprir algumas tarefas da sua lista? Digamos que você precisa ir a dez lugares: banco, posto de gasolina, correios, lavanderia, quatro lojas de eletrônicos (para comparar preços) e duas lojas de roupas. Você sabe, seguindo uma lógica, o número de combinações possíveis de paradas? Você tem 3,6 milhão de opções. Se acrescentar apenas mais uma parada, ampliará o número de combinações possíveis de onde ir em seguida para 40 milhões de opções.[16]

O cérebro humano certamente consegue calcular todos os 40 milhões de opções antes de você sair às compras, mas quanto tempo você ficará parado na cozinha até decidir sair de casa? Testar cada opção seria como abrir um cadeado com uma combinação numérica, experimentando todas as combinações possíveis. Ou tentar encontrar John Smith na cidade de Nova York, começando por uma extremidade de Manhattan, parando todos que encontrar pela rua para perguntar, até chegar ao outro lado da cidade. O cérebro humano não funciona da mesma forma.

Na realidade, imagine os cálculos que ocorrem no cérebro de um jogador de beisebol da liga amadora quando tenta pegar uma bola no campo aberto: você tem a distância da bola, sua velocidade inicial, o ângulo de projeção, a rotação da bola, a resistência do ar e a turbulência do vento, sem falar no terreno irregular no lado esquerdo do campo – e quaisquer outros pensamentos que migrem pela mente do jogador (pizza, garotas, torpedos de celular) – para lidar e, possivelmente, dar liga no trabalho. Como o cérebro consegue fazer todos esses cálculos simultaneamente e tão rápido? Não existe um conjunto de computadores, nem mesmo as centenas de milhares de computadores vinculados em paralelo em uma nuvem de trovoada de inteligência mecânica, capaz de manipular a luva de beisebol para capturar aquela esfera coberta de couro de cavalo curtido.

Driblando a incerteza

O cérebro tem o dom de fazer previsões, mas isso não significa que ele nunca erre. Conforme disse anteriormente, o objeto enroscado no nosso caminho talvez não seja uma cobra. Então, não adiantou nada dar aquele salto. É interessante notar que algumas das nossas outras percepções são igualmente equivocadas. Alexander Pope disse: "Errar é humano". Mas também é humano negar que erramos. Vejamos um exemplo.

Quando tinha 16 anos de idade, decidi junto com alguns amigos ganhar dinheiro jogando *blackjack* (vinte-e-um). Na época, estava convencido de que tínhamos um sistema imbatível. Sabíamos que era pouco provável perder várias vezes seguidas; então, apostamos todo o nosso dinheiro (o suficiente para jogar umas dez rodadas) e estávamos decididos a ganhar. Meus amigos e eu fomos parar no Foxwoods Casino, o maior cassino do mundo e, na época, o mais leniente para jogadores menores de idade porque ficava localizado em uma reserva indígena. Nosso plano era simples: apostar $10 a cada vitória e dobrar a aposta a cada derrota.

Por um tempo, tivemos êxito. Mas, no final, as leis da estatística nos pegaram. Não percebemos que, apenas porque você perdeu nove vezes seguidas, isso não significa que tem mais possibilidades de vencer da próxima vez. Se tivéssemos pesquisado mais, teríamos descoberto que nosso sistema se mostrou desastroso muitas vezes. Isso foi apontado por pesquisadores e jogadores (e recebeu até um nome: a **falácia do jogador**), mas não éramos os mais espertos jovens de 16 anos de idade. Foi como se estivesse vingado anos mais tarde, quando fiz uma pergunta de pesquisa semelhante a alunos da Universidade Brown que eram bem mais inteligentes do que eu: uma moeda é lançada nove vezes e sempre sai cara; qual é a probabilidade de sair coroa na décima tentativa? Poucos alunos responderam 0,5.[17]

Meu **erro** (e a tendência dos alunos) é **sintomático** de um problema geral com nosso cérebro: ele foi projetado para fazer suposições com base em informações, mas esse modelo gera erros sistemáticos. Somos todos **previsivelmente irracionais**, conforme Dan Ariely argumenta no livro *Previsilvemente Irracional*, publicado recentemente. Nosso cérebro executa de forma exemplar sua função porque opera tão bem em situações imperfeitas, mas isso também nos torna vulneráveis a erros de julgamento.[18] Este aspecto fica ainda mais evidente quando tentamos prever o futuro. Esse é um dos motivos que levou Nassim Taleb a alegar, no seu livro *A Lógica do Cisne Negro*, que somos culpados por **atribuir previsibilidade demais** a algo que é **realmente imprevisível**. Ele ainda vai além, dizendo que até mesmo o sucesso do Google, em grande parte, foi pura sorte.[19]

De volta para o futuro

Se nosso cérebro tem uma capacidade tão grande de fazer previsões, por que temos tanta dificuldade em prever as coisas? Muitos estudiosos atribuem nossas constantes falhas em previsões, seja dos furacões que assolam a costa leste dos EUA, do incidente do vírus da AIDS na África, das probabilidades em um *blackjack* de longa duração ou do grande número de mortes causadas pelos efeitos do cigarro em fumantes passivos, ao fato de os prognosticadores cometerem os mesmos erros repetidas vezes: eles utilizam médias que não retratam os eventos reais. Meteorologistas basicamente partem de fenômenos naturais complexos, utilizando-os como "modelos" (inadequadamente) no laboratório. Seu grande erro é supor a existência de uma linearidade, apesar de a natureza ser linear apenas até deixar de sê-lo. (Se a extrapolação linear de fato pudesse prever o futuro, observa o biólogo Stephen Jay Gould, conseguiríamos prever que a maratona de Boston, que a cada ano é percorrida em menos tempo, acabaria condecorando um campeão aos **0 minutos e 0 segundos**.) [20]

Em retrospectiva, a previsão parece ainda menos precisa, chegando a ser cômica. Por essa razão, é raro encontrar um relato futurista em livros e filmes que não seja julgado em retrospectiva como extremamente impreciso. Steven Spielberg fez um excelente trabalho ao produzir o filme *De Volta para o Futuro*, em que os heróis viajam no tempo, da década de 1980 para a década de 1950. E Spielberg também foi bem-sucedido em *De Volta para o Futuro III*, em que os heróis viajaram de volta para a década de 1800. Foi exatamente em *De Volta para o Futuro II* que ocorreu algo inesperado: Spielberg precisou avançar de 1985 para 2015 naquele segmento e sua visão deixou de retratar muitos dos aspectos "futuristas" da vida contemporânea (como, por exemplo, telefones celulares, *iPods*, a Internet e a cirurgia ocular a laser). O filme apresentou imagens-clichê de carros voando e coisas deste tipo (mas, afinal, estamos falando apenas de um filme!). Nenhum de nós (a menos que sejamos Leonardo da Vinci ou Nostradamus) consegue de fato prever tão bem assim o futuro.

Resta-nos compreender a diferença entre prognosticar e prever. Prognosticar significa fazer previsões de longo alcance. Mas o cérebro faz previsões diárias, que nos ajudam a caminhar, conversar, pensar e jogar beisebol. Essas previsões ocorrem em milissegundos e cobrem um espaço de tempo de alguns segundos. Vamos chamá-las de mini-previsões, mas são elas que tornam o cérebro espesso. O cérebro tem o dom especial de prever, por exemplo, onde uma bola vai cair de modo que você posicione sua luva de beisebol nos arredores. Conseguir prever quem vencerá o próximo campeonato de beisebol já é um prognóstico. E não somos bons nisso. Sabe de uma coisa? Nos computadores, ocorre o contrário. Mas já estamos mudando de assunto e entrando no território da Internet.

Como podemos reproduzir a capacidade de previsão da mente? Desde 1947, muitos indivíduos têm se empenhado para descobrir isso. Tudo começou com um jovem economista (e futuro ganhador do prêmio Nobel) chamado Herbert Simon.

CAPÍTULO 4

Tudo em excesso faz mal

A SOBRECARGA DE INFORMAÇÕES, ou melhor, o excesso de dados, era um problema que chamava a atenção de um jovem chamado Herbert Simon. Simon era um *expert* em negócios e ajudou a gerenciar o plano Marshall. Em 1947, ele escreveu um livro sobre a pesquisa de operações intitulado *Administrative Behavior*.[1] Em 1978, Simon foi o ganhador do prêmio Nobel em Economia por demonstrar que a economia tem tanta relação com o cérebro quanto com a matemática. Ele passou o resto da vida tentando construir um computador capaz de pensar como um cérebro. Na época, havia pouca teoria sobre como o cérebro funciona, mas Simon percebeu instintivamente que as pessoas não avaliam todas as alternativas possíveis antes de tomar decisões. Elas simplesmente não têm tempo para isso. Então, elas tomam decisões **"boas o suficiente"**, com base no que deu certo antes.[2]

Em 1952, quando Simon trabalhava como consultor para a Rand Corporation, em Santa Monica, na Califórnia (EUA), ele conheceu Allen Newell, recém-formado em Física pela Stanford. Newell tinha a mesma visão de Simon sobre o que mais tarde veio a ser denominado de **inteligência artificial**. Em 1955, eles deixaram a Rand para desenvolver um programa de computador no Carnegie Institute que apresentaria a inteligência humana.

Eles perceberam que esse programa precisava se basear na maneira como o cérebro funciona: ao contrário do que muitos pensam, o cérebro não é um instrumento de precisão; ele opera baseado em regras práticas. Ele se recorda de experiências, molda-as em padrões e depois utiliza os padrões para adivinhar o que está por vir. Podemos chamar essas tentativas de adivinhações, palpites ou intuições. Mas um outro nome que emplacou no mundo científico é **heurística**, um termo cunhado pelo matemático George Pólya, que foi tutor de Newell em Stanford. A heurística corresponde às regras práticas (com base na experiência) que moldam nossas escolhas, convertendo-as em números gerenciáveis. Por exemplo, quando saímos para fazer compras, ela agrupa as paradas de tal forma que primeiro percorremos todas as lojas de eletrônicos para comparar preços enquanto eles estão frescos na memória.

Para testar esta teoria, Newell e Simon escreveram um algoritmo que continha uma certa heurística e alimentaram-no no computador. O que teria levado dez mil anos para o computador processar, se ele estivesse fazendo um cálculo após o outro (como, por exemplo, verificar cada pessoa moradora de Nova York, uma de cada vez), levou apenas um quarto de segundo para ser concluído.

Em junho de 1956, Newell e Simon apresentaram seu trabalho em uma conferência no Dartmouth College. Era a primeira vez que uma máquina produzia algo que se aproximava da inteligência "humana". John McCarthy, o professor assistente em Dartmouth que organizou o encontro, denominou isso de **inteligência artificial** (IA) e o nome pegou. Pouco depois, pesquisadores começaram a adicionar outros toques de senso comum aos seus algoritmos – manipulações tais como generalizações, associações, similaridades de padrões, analogias e máximas. Essa prática ficou conhecida como **lógica confusa**.

Em julho de 1979, no Winter Sports Palace, em Monte Carlo, essas iniciativas atingiram seu ponto máximo sob alguns aspectos. Luigi Villa, um fenomenal jogador italiano de gamão, acabara de ser coroado campeão mundial de gamão. Mas ele decidiu permanecer para participar de mais uma competição. Quando os alto-falantes anunciaram o tema *Guerra nas Estrelas*, um robô de quase um metro de altura apareceu no palco, se atrapalhou um pouco com as cortinas (provocando gargalhadas na plateia), esbarrou em uma mesa (provocando mais risadas) e depois assumiu sua posição em uma mesa de gamão, no lugar onde Villa deveria estar. O robô, apelidado de *Gammonoid*, estava conectado (via satélite) a um computador localizado na Universidade Carnegie Mellon, em Pittsburgh.³

O programa de computador foi escrito por Hans Berliner, campeão de xadrez por correspondência e ex-aluno de Herb Simon. Assim que o público se acomodou, o jogo começou. Nenhum campeão mundial de jogo de tabuleiro havia antes sido derrotado por um programa de *software*. Mas Berliner cuidadosamente moldou a heurística no programa seguindo os moldes do pensamento humano. Ele não revelou ao *Gammonoid* **como** vencer; ele não disse **o que** fazer em todas as circunstâncias. Se ele tivesse feito isso, *Gammonoid* teria levado anos fazendo cálculos passo a passo até desmoronar e virar um monte de fumaça. Mas Berliner escreveu o *software* para prever padrões que reduzissem as alternativas possíveis, algo semelhante ao que o cérebro faz. Nas seis partidas disputadas, *Gammonoid* derrotou o campeão mundial. O mundo ficou perplexo (e, ao mesmo tempo, entretido) com o feito. No dia seguinte, o jornal *The Washington Post* deu a notícia: *Gammonoid, o conquistador*.⁴

O *Gammonoid* possuía a inteligência humana? **Não!** Ele conseguia fazer uma coisa: **jogar gamão**. Ele não era capaz nem mesmo de mascar um chiclete e muito menos de decidir fazer isso. Esse era o problema de tentar construir uma máquina de previsão semelhante à mente. Mas Simon encarava isso com naturalidade. O *Gammonoid* era apenas o começo. Simon disse: "Não é meu objetivo surpreendê-los ou chocá-los – mas o modo mais simples de resumir tudo isso é dizer que agora existem no mundo máquinas que pensam, aprendem e criam. Além disso, sua capacidade de realizar essas atividades está crescendo rapidamente até o ponto – em um futuro visível – em que a variedade de problemas com que elas poderão lidar será correspondente à variedade de problemas com os quais lida a mente humana."⁵

O *Gammonoid* foi substituído pelo *Deep Blue*, o computador da IBM que, em 1997, derrotou o campeão mundial de xadrez Gary Kasparov. Esse triunfo, por mais grandioso que pareça ser, foi semelhante ao de *Gammanoid*. Ele não provou que um robô tinha inteligência humana. Na realidade, ele estimulou o cientista do cérebro e autor Marvin Minsky a comentar: "O *Deep Blue* pode até vencer partidas de xadrez, mas ele não seria capaz de perceber que é hora de entrar para se proteger da chuva".⁶ De certa forma, o *Gammonoid* e o *Deep*

Blue dificultaram a busca pela máquina pensante, pois eles incutiram a ideia de inteligência "artificial" entre nós. Nosso maior desejo é que surja algo artificial capaz de criar inteligência real. Para conseguir isso, precisamos criar algo capaz de englobar previsões, heurística e intuição, conforme demonstrado por Simon anos atrás.

A falha das informações

Muitos de nós tendemos a supor que a melhor forma de resolver um problema é conseguindo reunir informações perfeitas e fazer um cálculo perfeito. Mas é exatamente a capacidade de previsão diante da quantidade limitada de informações que torna nossos **cérebros pensantes**, por assim dizer. Em *Blink: The Power of Thinking Without Thinking* (*Blink – A Decisão Num Piscar de Olhos*), o autor Malcolm Gladwell relata uma situação em que a previsão prevalece. Gladwell conta a história da vitória do general Robert E. Lee, dos Estados Confederados, sobre o General Joe Hooker, da União, na batalha de Chancellorsville. A situação de Hooker era mais vantajosa: um exército maior que foi dividido para espremer e forçar os Confederados a ceder. Ele também infiltrou espiões no exército de Lee e tinha informações em abundância.[7]

Mas Lee percebeu que Hooker estava aprontando algo. Assim, ele dividiu seu exército e mandou suas tropas ocuparem uma posição perto do acampamento do exército da União, sem fazer alarde. Quando os homens de Hooker estavam fazendo a refeição da noite, as forças rebeldes atacaram, forçando os soldados da União a debandar. Gladwell explica: "Este é o tipo de sabedoria que se adquire após uma vida de aprendizado, observação e ação. Trata-se de discernimento... a competência de Lee para perceber a indecisão de Hooker, agir de acordo com o momento, bolar um plano de batalha que pegasse Hooker de surpresa (ou seja, sua competência para movimentar-se com rapidez e movido pelo instinto no campo de batalha) foi tão essencial que o possibilitou derrotar um exército duas vezes maior que o seu. O discernimento conta: é o que diferencia ganhadores de perdedores".[8] Em suma, Lee tirou vantagem de sua capacidade de prever.**

** Nota da tradutora: tradução livre

Gerd Gigerenzer, autor de diversos artigos acadêmicos sobre a previsão, apresenta outra ideia que contraria as expectativas.⁹ Segundo Gigerenzer, a intuição costuma ser fruto do nosso *pouco* conhecimento sobre algo, e não do domínio do assunto. Ele comenta: "Intuições baseadas em apenas **um bom motivo** tendem a ser precisas quando alguém tem a necessidade de prever o futuro (ou algum tipo de conjuntura existente desconhecida), quando é difícil prever o futuro e quando alguém dispõe de uma quantidade limitada de informações". Em outras palavras, segundo ele, um bom motivo é melhor do que muitos. **Menos é mais**. Ele comenta que, com esse bom motivo, podemos chegar "facilmente a um *insight* quase que injustamente".¹⁰**

No caso de Hooker e Lee, Hooker levava vantagem em relação aos fatos. Ele tinha uma rede de espiões e balões a gás flutuando quase tocando as cabeças dos Confederados. Ele acreditava em si mesmo. E se vangloriava: "Meus planos de batalha são perfeitos. Quando eu começar a colocá-los em prática, que Deus tenha misericórdia de Bobby Lee, pois eu não terei nenhuma."¹¹ Bobby Lee não dispunha de tantas informações; na realidade, ele estava tão tranquilo, às cegas, que Hooker conseguiu deslocar setenta mil soldados da União bem atrás dele, sem que ele percebesse.***

O que levou o general Lee a triunfar? Segundo Gladwell, Lee tinha o *blink mojo* a seu favor – o instinto de reagir rápido, movimentar-se com prontidão e pegar Hooker de surpresa. Ou, como Gigerenzer alegaria, Lee tinha informações suficientes e nada mais. Lee não precisava de espiões e balões de ar quente rondando o campo de batalha; ele tinha padrões em sua cabeça que previam o caminho a ser adotado. Poderíamos dizer que, na Segunda Guerra Mundial, Dwight Eisenhower fez o mesmo: diante das complexidades do Dia D, com o mau tempo e a invasão da Europa possivelmente já detectada, ele tomou uma decisão apesar da escassez de informações, e a decisão foi de prosseguir.

Esse tipo de tomada de decisão ocorre todo dia. Alguns executivos se tornam vítimas da paralisia da análise, acreditando que precisam avaliar todas as informações em relação a todos os resultados possíveis. Esses executivos raramente conseguem levar isso adiante. Em contraste, outros executivos tomam

---

** Nota da tradutora: tradução livre
***   Nota da tradutora: tradução livre

decisões rápidas, dispondo de poucas informações, fazendo uso da capacidade implícita do cérebro de prever o melhor caminho.

Monty Hall e a porta número 3

Já ouviu falar no dilema de Monty Hall? Este é um experimento da ciência comportamental inspirado no programa de jogo da TV norte-americana *Let´s Make a Deal* (cujo apresentador era Monty Hall). No experimento, *Monty* pede ao participante para escolher entre três portas: uma esconde um carro novo e as outras escondem prêmios comuns. Quando o participante toma a decisão (digamos, escolhe a porta número 1), Monty abre uma das portas não escolhidas (digamos, a porta 2) para revelar o prêmio comum. Agora fica claro que o carro está atrás da porta 1 ou da porta 3, Aí surge um dilema: Monty pergunta ao participante: "Você mantém a porta que escolheu ou deseja trocar de porta?" O que você faria?

A maioria das pessoas tendem a ficar com a primeira escolha. Mas essa é a decisão errada. Na verdade, sua probabilidade de ganhar o carro será 2/3 maior se você trocar de porta. Por que as pessoas tomam a decisão errada? Parece que Monty Hall está oferecendo às pessoas **informações demais**, o tipo de informação que preocupava Gigerenzer e Gladwell. Teria sido bem mais fácil tomar a decisão certa se, após sua escolha da porta número 1, Monty tivesse oferecido a você trocar e manter as portas 2 e 3. Nesse caso, todos optariam por trocar de porta, conforme demonstramos em estudos de pesquisa quando eu estudava na Brown. Mas os dois cenários são de fato idênticos.[12]

Vejamos agora este enigma, uma cortesia de Amos Tversky e do ganhador do prêmio Nobel Daniel Kahneman: "Linda tem 31 anos de idade, é solteira, comunicativa e muito inteligente. Ela se formou em filosofia. Quando estudante, ela se preocupava muito com questões de discriminação e justiça social. Ela também participou de diversas manifestações antinucleares. Que proposição você escolheria: Linda é uma **caixa de banco** ou ela é uma **caixa de banco ativa no movimento feminista?**".[13]

A pesquisa de Tversky e Kahneman mostrou que a esmagadora maioria diria que Linda provavelmente exerce a função de caixa de banco ativa no movimento feminista. **Mas por quê?** Linda sempre terá "mais chances" de ser caixa de banco, pois a categoria "caixa de banco" é mais abrangente do que sua subcategoria "caixa de banco ativa no movimento feminista". O fato de ela ser ou não feminista é irrelevante. Este é um exemplo de sobrecarga de informações, em que as informações fornecidas (sua formação universitária, suas preocupações, sua atuação política) levam a erros de julgamento. Gigerenzer mostrou que parte do problema deriva do fato de como as informações são apresentadas.[14] Junto com um grupo de colegas da Brown, minha equipe mostrou que as decisões podem ser revertidas quando reduzimos a quantidade de informações ou até mesmo sabemos fornecê-las com um intervalo apropriado.[15] Com **menos** informações, fica mais fácil chegar à resposta certa.

As empresas ainda não chegaram a ponto de limitar o acesso das pessoas a dados, mas suspeito que o farão. As últimas tendências são aumentar o fluxo de informações, criar repositórios de dados maiores e investir mais tempo na análise de dados antes de tomar decisões. Essas práticas são contrárias à sabedoria do cérebro e ao *insight* subjacente ao texto de *Blink – A Decisão Num Piscar de Olhos*. O livro de Gladwell é, na verdade, um dos poucos livros que abordam a tomada de decisão. A maior parte destaca o aumento do fluxo de informações e o emprego de mais dados no processo de decisão. Ferramentas mais sofisticadas estão chegando ao mercado, não com o intuito de simplificar processos, mas sim de aumentar a complexidade de dados. Contudo, este é o modelo errado para os negócios. E também é o modelo errado para uma máquina de previsão.

Transformando a Internet em uma máquina de previsão

O sistema de previsão da Amazon.com é bem sofisticado, precisamente porque ele descarta dados em prol do reconhecimento de padrões. Pense na última vez em que você recebeu uma sugestão de livro feita pela Amazon.com (quem sabe deste livro). Minha mãe comprou recentemente um livro na Amazon.com após ler uma sugestão recomendada. A sugestão era tão criteriosa e excêntrica que ela ficou convencida de que era de autoria de um ser humano. Por que os resultados costumam ser tão bons? Isso é fruto dos fortes algoritmos preditivos da Amazon.com em operação, ou seja, algoritmos que substituem a tomada de decisão por humanos com base em alguns dados, e não em uma grande quantidade de dados. Não foi por acaso que isso ocorreu: Dan Ariely, meu mentor na MIT e autor do livro *best-seller Previsivelmente Irracional*, ajudou a Amazon.com a criar alguns desses algoritmos inteligentes.[16]

Steven Johnson, autor de *Emergência* e *De Cabeça Aberta*, também cita a capacidade de previsão da Amazon.com: "O agente de recomendação com o qual interagimos na Amazon adquiriu uma inteligência incrível em pouquíssimo tempo." Ele prossegue: "Se você já compra há muito tempo na Amazon, é provável que receba recomendações bem sofisticadas... O *software* não consegue detectar a sensação de ler um livro, nem como o leitor se sente quando lê um livro específico. Ele só sabe que as pessoas que compraram este livro também compraram alguns outros títulos; ou que as pessoas que deram uma classificação alta a esses livros, também deram uma nota alta a esses outros títulos... Esses dados básicos podem gerar uma diferenciação sutil". [17]

Estes algoritmos operam buscando padrões na nossa maneira de comprar, classificar e recomendar livros. A partir desses dados, surgem padrões que, como diz minha mãe, podem até ser excêntricos, mas são incrivelmente poderosos. O fundador da Amazon.com, Jeff Bezos, diz: "Lembro-me das primeiras vezes que isso chamou minha atenção. O assunto do principal livro da página era Zen. Havia outras sugestões de livros Zen e, entre esses livros, se encontrava um sobre como livrar-se da bagunça na sua mesa de trabalho". [18] Ele acrescenta que esse não é um comentário típico de um ser humano.

Mas esse é exatamente o tipo de associação que um ser humano faria, e é isso que a torna poderosa. A Amazon.com conseguiu fazer uma conexão entre um livro Zen, um comportamento anterior e o fato de que Bezos queria organizar sua mesa. Um colega de RH faria o mesmo, após vasculhar uma pilha de papéis e se deparar com um chefe infeliz compenetrado lendo um livro Zen.

Na Simpli.com, criamos um mecanismo de previsão (desenvolvido em parte por Jim Anderson e Dan Ariely) que nos permite comparar buscas de usuários a anúncios e propaganda. Se o usuário tivesse feito uma busca, em determinado momento, por batatas-fritas (*chips*) e lanches rápidos (*snacks*) (ao invés de *chips* e Intel), a tecnologia teria apresentado ao usuário um anúncio da Pringles, por exemplo. Isso é semelhante à tecnologia usada pelo Google no AdSense, seu sistema de propaganda.

Por meio dessa mesma tecnologia, na NetZero e na Juno, apresentaríamos às pessoas anúncios após sua visita a determinados *sites*. Portanto, você receberia um anúncio da Pringles depois de visitar, por exemplo, a P&G.com, a Lays.com e a KidsSnacks.com. Mais adiante, controlaríamos outras informações úteis: termos de busca, dados de fluxo de cliques e padrões de compra do usuário (ver Figura 4-1). Conseguimos aumentar nosso estoque mais valioso e, ao mesmo tempo, estreitar o alvo dos anunciantes.

FIGURA 4.1

Mecanismo de previsão na Simpli.com

Cliques do usuário: site da Procter & Gamble
Interesses de perfil de usuário: lanches rápidos > batatas fritas

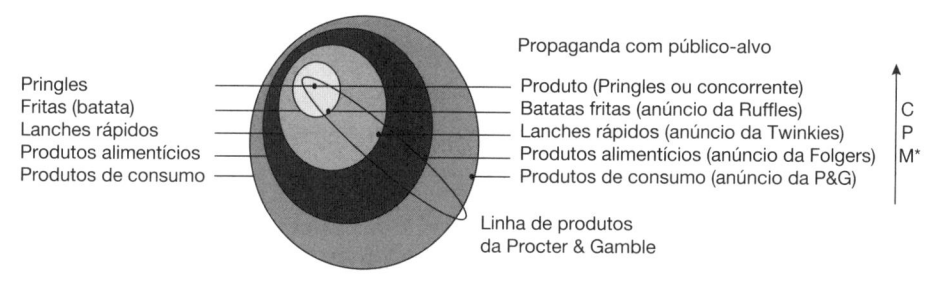

Pringles
Fritas (batata)
Lanches rápidos
Produtos alimentícios
Produtos de consumo

Propaganda com público-alvo
Produto (Pringles ou concorrente)
Batatas fritas (anúncio da Ruffles)
Lanches rápidos (anúncio da Twinkies)
Produtos alimentícios (anúncio da Folgers)
Produtos de consumo (anúncio da P&G)

C
P
M*

Linha de produtos da Procter & Gamble

A vantagem de executar um ISP** próprio é que você dispõe de uma infinidade de dados. Mas, como pode notar, a previsão está mais relacionada à eliminação de dados do que propriamente ao uso dessas informações. Por conseguinte, nosso modelo identificou o universo de oportunidades possíveis e reduziu-o a um conjunto restrito de pontos-alvo de propaganda. Com tanto inventário de propaganda na Internet, a redução do volume de informações disponíveis pode de fato aumentar a receita. Portanto, quando o comportamento do usuário indicava que ele provavelmente gostaria de Pringles, procuramos associá-lo diretamente a um anúncio da Pringles. Se os usuários apresentassem uma visão mais ampla ou estivessem indecisos, abriríamos o inventário, oferecendo um tratamento especial – talvez Pringles, talvez Twinkies, talvez ambos. E os benefícios para os anunciantes seriam marcantes: mais cliques, mais vendas e um aumento geral da eficácia de seus programas de *marketing*.

---

* CPM: (*cost per mille* em inglês) ou custo por mil impressões.
** ISP (*internet service provider* em inglês) ou provedor de serviços de Internet.

As previsões baseadas em informações limitadas, como você pode notar, são essenciais à operação do cérebro e da Internet. Porém, existe outra consideração em jogo: tanto no cérebro quanto na Internet, pensamentos e ideias surgem e desaparecem com a mesma rapidez. Da mesma forma que são criados, eles são destruídos. E o cérebro encontrou uma forma interessante de lidar com essa deficiência. Está duvidando? Vire a página. Tenho a impressão de que o próximo capítulo revelará tudo isso.

CAPÍTULO 5

Destruição criativa

Era uma quarta-feira, 18 de agosto de 1965. Brad Williams pediu um hambúrguer no restaurante Red Barn. Uma experiência que ele se lembra de cada detalhe até hoje. Isso pode não parecer extraordinário, mas Williams tinha oito anos de idade na época e, hoje, aos cinquenta e dois, ele não tem um motivo em especial para recordar tal episódio. Na verdade, Williams se lembra de muitos detalhes de seu passado. O que aconteceu, por exemplo, em 7 de novembro de 1991? Williams responde: "Era uma quinta-feira. Uma semana antes, houve uma tempestade de neve... e Magic Johnson revelou [alguns dias antes] que foi infectado pelo vírus HIV".[1]

A maioria das pessoas não têm esse tipo de memória. Em geral, nossos pensamentos funcionam da seguinte forma: você está dirigindo e escuta um anúncio no rádio. Eles informam um número de telefone de contato. Como você provavelmente não tem caneta e papel a mão, nem mesmo seu BlackBerry confiável, você corre para casa, repetindo o número para si mesmo. E tomara que nenhum outro pensamento invada sua mente neste momento! Você chega em casa e escreve rapidamente o número. Depois, como um pequeno demônio que luta para se libertar, o número foge da sua mente.

Afinal, o que se passa na memória humana? Diferente do sistema de memória de um computador, o sistema de memória humano não é infalível. Na realidade, a memória humana mais parece um chafariz de jardim. O pequeno recipiente superior se enche de água, derrama água para o recipiente abaixo dele, e para o seguinte, até ser escoado pelo cano.

"Ainda bem que é assim", diz o neuropsicólogo Elkhonon Goldberg. Segundo ele, se não fosse assim, nossos cérebros ficariam obstruídos com tamanha quantidade de informações inúteis.[2] Na verdade, a memória fotográfica pode parecer uma dádiva maravilhosa, uma espécie de superpoder típico do Super-homem. Contudo, antes de decidir incluí-la entre seus três pedidos especiais, pense um pouco sobre suas implicações: uma mulher na faixa dos quarenta anos, com uma memória mais fantástica que a de Williams, disse recentemente que suas lembranças deixam-na atordoada. Ela disse: "É algo ininterrupto, incontrolável e cansativo. Todo santo dia, vários episódios da minha vida inteira passam pela minha cabeça e isso me deixa louca".[3]

Na realidade, para a maioria das pessoas, pensamentos antigos são substituídos logo por novos pensamentos. Segundo Goldberg: "Uma nova memória começa a se formar no momento em que você encontra algo que esteja aprendendo: um novo rosto, um fato novo ou um som novo. Novas proteínas são sintetizadas, novas sinapses são desenvolvidas e outras sinapses são fortalecidas em relação às sinapses ao redor"[4]. É justamente a memória abreviada que torna o cérebro humano criativo, notável e resiliente. A real fonte de inteligência humana reside nos processos de eliminar os pensamentos antigos e trazer o fluxo de novas memórias criadas a partir de novas percepções e experiências.[5*]

Se pararmos para analisar a memória em geral, verificaremos constantes flutuações de memórias avançadas, que servem de base umas às outras, seja a lembrança da data e hora em que você comeu um hambúrguer pela última vez (uma memória que pode permanecer por alguns dias) ou como se divertiu nas últimas férias (uma memória que pode perdurar por alguns anos). Na maior parte dos casos, a memória é um processo que pode ser chamado de **destruição criativa**. Sua mente cria um pensamento; pensamentos importantes permanecem; pensamentos sem importância saem. E isso se repete todo dia.

---

* Nota da tradutora: tradução livre

Portanto, a destruição criativa é a maneira como o cérebro funciona. A constante atualização da mente é o que leva à criatividade e a novas ideias. E, acima de tudo, isso leva à constante reedição da vida. Se não tivéssemos esse processo, jamais poderíamos pensar em algo novo. Teríamos um congelamento do cérebro. E, evidentemente, a evolução reconheceria que o congelamento do cérebro não seria uma condição vantajosa.

A maioria das pessoas pensam logo em economia quando ouvem falar em destruição criativa, mas não estamos tratando apenas de mercados livres. Trata-se de como o cérebro funciona, como as empresas são criadas para durar e como a Internet está se expandindo. Em nossa busca incessante pela criação de produtos maiores e melhores na Internet, muitas vezes deixamos escapar o real significado da destruição criativa: **menos é mais**. Assim como o cérebro tem a mesma capacidade de esquecer e aprender, as empresas bem-sucedidas costumam ser mais lentas, menos ágeis e imperfeitas; entretanto, assim como ocorre no cérebro, elas conseguem concluir tarefas em tempo hábil. As empresas bem-sucedidas alavancam a destruição criativa para criar produtos, serviços, tecnologias e propagandas desconcertantes.

O negócio da destruição criativa

Fora dos livros filosóficos de Nietzsche, o conceito de destruição criativa ficou conhecido através de Joseph Alois Schumpeter, no livro *The Theory of Economic Development* (*A Teoria do Desenvolvimento Econômico*), escrito na década de 1940.[6] A essência do argumento de Schumpeter era a de que as teorias dos primeiros economistas defendiam a existência de sistemas duradouros, em empresas feitas para durar, não através de **flexibilidade** mas sim, de **resiliência pragmática**. Schumpeter criticou John Maynard Keynes e Adam Smith porque suas ideias sobre o capitalismo sugeriam um equilíbrio entre suprimento e demanda que trazia esperança de uma máquina de **movimento econômico perpétuo**. Na década de 1940, quando as empresas eram criadas realmente para durar (pelo menos as mais poderosas), a ideia de destruição criativa soava estranho para a maior parte da experiência corporativa. Mas Schumpeter acreditava nas "rajadas de destruição criativa", ou seja, uma constante troca do velho pelo novo.

Com a mudança nos rumos dos grandes negócios na década de 1990, resultante da corrosão e do colapso da era industrial e o surgimento da "nova economia", a destruição criativa descrevia o que estava acontecendo. Em *O Dilema da Inovação*, Clayton Christensen desenvolveu mais a ideia, destacando que não são apenas as empresas melhores e mais rápidas que dominam com o tempo; às vezes, uma empresa pode detonar seu maior rival fazendo até algo que a princípio parece **menos** bem feito.⁷ Ele escreveu: "Às vezes, surgem **tecnologias disruptivas** – inovações que resultam em um desempenho pior de produtos, pelo menos a curto prazo. Em geral, as tecnologias disruptivas levam a um desempenho abaixo do esperado em produtos já estabelecidos nos mercados convencionais. Mas elas têm outras características... elas costumam ser mais baratas, mais simples, menores em tamanho e, com frequência, mais convenientes quanto ao uso."⁸ As **inovações racionais**, por outro lado, são aprimoramentos mais lineares, isto é, um tipo de inovação incremental que, com o tempo, se torna "pesada" demais e acaba afundando as empresas.*

Qualquer estudo evolutivo mostra que a natureza por vezes erra seu próprio alvo. Veja, por exemplo, o caso dos dinossauros enormes e desajeitados, com uma espessa couraça, *versus* os mamíferos mais fracos (mas que logo tornaram-se dominantes). Será que existe uma metáfora melhor para a grande empresa do que aquela de uma fera gigante que não consegue enxergar nada além de seu próprio perímetro, não avistando as empresas iniciantes (*start-ups*) dando pequenas dentadas no capim logo abaixo dela? Esta é a ideia central implícita em *O Dilema da Inovação*: a marcha da tecnologia não apresenta uma curva crescente, mas sim uma série de curvas em S "deitadas".

Não estou certo de que Christensen tenha alguma vez conectado sua grande ideia a esta afirmação de Darwin: "A luta pela existência é muitas vezes recorrente. Qualquer ser vivo, quando apresenta qualquer variação que lhe seja benéfica sob as condições complexas de vida, terá uma chance melhor de sobrevivência e, portanto, será selecionado naturalmente." Ou, conforme Stephen Jay Gould explicou com eloquência em *Full House* (no Brasil com o título *Três é Demais*): "Para nós, a evolução é uma série linear de criaturas que se tornam maiores, mais exuberantes ou, pelo menos, melhor adaptadas aos ambientes locais... (mas) a seleção natural só fala da adaptação às mu-

---

* Nota da tradutora: tradução livre

danças dos ambientes locais... nenhum aspecto dessa adaptação local deve gerar expectativas de progresso geral." Gould acrescenta palavras extraídas das anotações pessoais de Darwin: "Nunca diga superior ou inferior." Darwin poderia perfeitamente ter dito que o processo evolutivo é um estudo de caso na destruição criativa![9]

Em alguns casos, a destruição criativa leva a uma situação em que "**o maior é melhor**" (um processo que eventualmente acabou matando os dinossauros); por vezes, concluímos que "**o mais inteligente é o melhor**" (embora essa noção possa matar a humanidade, tal como foi a crença durante a Guerra Fria); mas, com frequência, a destruição criativa é uma questão de *déjà vu* que se repete: "**o mais barato é o melhor**" (como meu confiável Timex) ou "**o mais velho é o melhor**" (o teclado QWERTY). Com o crescimento acelerado da Internet, parece que estamos a um passo de reproduzir este ciclo de regressão no progresso.

A destruição criativa na Madison Avenue

O ritmo com que a destruição criativa afeta os negócios na Internet provavelmente não se compara em nada com o que está o comando no setor de propaganda. Nos últimos 50 anos ou mais, o *marketing* tem recorrido sempre à mesma técnica. Ogilvy, Mather, Young, Rubicam, Saatchi (da Saatchi & Saatchi) e todos os demais fizeram nome com base na criação de ótimas campanhas publicitárias. O lema antes era: "Compreenda o cliente, desperte seu interesse e convença-o a comprar". Na era da propaganda, o que mais importava eram as **marcas**.

Este modelo está mudando pois os comentários são obtidos com maior rapidez e existe um *marketing* direto. Mas, certamente, o modelo começou a mudar anos atrás, com o advento da propaganda com resposta direta através de correspondências, infomerciais de TV e os sistemas de compra sem sair de casa. Contudo, a Internet oferece um *feedback* mais rico de comentários, mais inventário do que outros tipos de mídia e **tempos de resposta** medidos em **milissegundos**, e não em **dias**.

Considere, por exemplo, a The Search Agency, que iniciou suas atividades há apenas seis anos e já se tornou uma das maiores empresas de propaganda *on-line*. Entre mais de cem funcionários, nenhum deles tem grande experiência em *marketing*.[10] **Por quê?** No mundo *on-line* de mídia em alta velocidade, muitas vezes a formação em *marketing* pode ser contraproducente. Como agora você tem a possibilidade de acompanhar as mudanças em tempo real, não precisa mais pensar na melhor forma de divulgar um produto; você simplesmente lança suas ofertas no mundo e verifica o que funciona. Essa é a destruição criativa levada ao extremo, em um ritmo alucinante.

Em uma típica campanha de *marketing* de busca no Google (digamos, por uma empresa da lista *Fortune* 500 ou por um dos 10 melhores *sites*), a The Search Agency pode testar até dez mil palavras-chaves, mil cópias diferentes, cetenas de imagens e diversas variações de *sites*. Somado a isso, ela pode ter vinte e quatro pontos de preço, além de doze produtos e pacotes em rotação. As campanhas são mensuradas em termos de desempenho (determinado pelas vendas, visitas ou qualquer outro aspecto que o cliente determine como sendo um fator de sucesso) em várias dimensões: tempo (até os segundos), localização geográfica, aspectos demográficos, perfis de usuários e outros dados.

Essas campanhas são complexas, mas o modelo é simples. Imagine uma campanha da Ford que teste todas as variações de palavras de busca como: **carro, carros, auto, caminhão da Ford, GM** (sim, palavras-chaves de concorrentes costumam dar certo), etc., e todas as combinações do campo criativo: **comprar Ford, comprar caminhões Ford, caminhões Ford são fantásticos, comprar camihões Ford** (o erro ortográfico é propositai já que isso costuma gerar bons resultados). Em seguida, você verifica o que funciona melhor e quando. Por exemplo, **caminhões Ford** funciona melhor do que as palavras-chaves **carro** e **auto** entre 20h e 22h para homens em Green Bay; pior que caminhões Ford entre 16h e 16h30min. em Green Bay, mas com resultado igualmente bom em Seattle, para mulheres nesse horário.

Imagine centenas de milhares de variáveis e milhares de campanhas publicitárias, todas concorrendo entre si para sobreviver e prosperar (e tudo isso apenas para um caminhão Ford). Cada conjunto de campanhas é uma nova geração, vencendo uma etapa de cada vez. O processo inteiro é tão rápido que muitas vezes nem sabemos o que está funcionando e por quê. A evolução de campanhas publicitárias na Internet é mais rápida do que a proliferação de moscas. E não ficaria surpreso se fosse constatado que a quantidade de anúncios circulando na Internet a qualquer momento é maior do que o total de moscas no mundo inteiro.

Como identificar as melhores campanhas? É simples: basta promover a destruição criativa, na forma de algoritmos, criando um modelo de sobrevivência mais adequado, em que apenas as melhores campanhas mantenham-se para continuar a luta no dia seguinte. As melhores do conjunto são escolhidas para uma nova campanha e precisam defender-se por conta própria. **Parece um pouco enlouquecedor?** De fato é, mas isso é destruição criativa. Sem marcas, sem posicionamento, sem *marketing* – apenas destruição criativa na velocidade do processamento paralelo da computação em nuvem.

A Internet destrói criativamente

Não é apenas a propaganda *on-line* que destrói criativamente. A Internet inteira faz o mesmo. Pense no que ocorreu no final da década de 1980, quando a Internet foi aberta ao mundo através de diversos provedores de serviços pela Internet (empresas como o PSINet, o UUNET, o Netcom e o portal Software). Estes ISPs ofereciam *links* diretos caros à Internet. Essas empresas mais tarde foram esmagadas por ISPs de banda estreita que ofereciam acesso barato (embora mais lento) à Internet através de linhas telefônicas.

Como vimos em *O Dilema da Inovação*, uma tecnologia inferior substituiu uma superior. Isso ocorreu porque a tecnologia inferior atendeu melhor às necessidades dos consumidores. Isso é destruição criativa. Vi isso pela primeira vez quando trabalhava no United Online, que era proprietário do NetZero e do Juno.[11] Primeiro, a empresa ofereceu aos clientes um ISP gratuito em um momento em que outros provedores de serviço via Internet cobravam US$ 20 ou mais por mês. Essa oferta fez com que o mercado corresse para o NetZero e o Juno. Depois, foi criada uma divisão de valor, oferecendo serviços tão velozes quanto o AOL, mas pela metade do preço.[12]

O NetZero e o Juno utilizavam um truque que é essencial para o cérebro: neste caso, em vez de utilizar conexões caras de banda larga, eles empregavam uma nova tecnologia chamada *caching*. O *caching* é equivalente à memória de curto prazo. A ideia da equipe era evitar os servidores permanentes, em que residem as informações e, em vez disso, criar cópias do conteúdo em locais de fácil alcance pelos usuários. Basicamente, a empresa identificou o conteúdo mais popular na Internet – o conteúdo que precisa estar mais prontamente disponível (assim como o cérebro tem determinadas informações que precisam permanecer em maior destaque, no topo da mente) e armazenou esse conteúdo em uma "fazenda" de servidores de curto prazo, em que ele poderia ser recuperado rapidamente e enviado a usuários.[13] Essa memória de curto prazo deixou o NetZero e o Juno em vantagem competitiva. Tratava-se de um produto inferior comparado à banda larga. Mas, assim como o cérebro, ele era rápido, de fácil utilização e satisfatório.

Portanto, a Internet é um estudo de caso na destruição criativa. Como buscamos uma Internet cada vez mais inteligente, o caminho é uma curva em S. Em geral, é necessário dar um passo para trás para depois avançar. Isso parece ficar mais evidente na estrutura subjacente da Net. O interessante é que Tim Berners-Lee agora está propondo recriar sua invenção (a *World Wide Web*), criando uma "*Web* semântica". Ele deseja criar *links* e conteúdo incluindo informações que sejam compreendidos por seres humanos **e também** por computadores. Isso significa menosprezar o código subjacente da *Web* (HTML). A *Web* semântica nos aproximará da inteligência *on-line* real. [14]

A *Web 2.0* nos permitiu acompanhar o surgimento de: colaboração em massa, rede social, *podcasting*, *wikis*, *blogs* e consciência coletiva. [15] Os *sites* se tornaram dinâmicos e qualquer pessoa com um computador que opere como um porta-voz agora pode impactar a *Web*. Como resultado, milhares de empresas que não se desenvolveram acabaram implodindo, tais como AltaVista, AOL e Netscape. Outras empresas se adaptaram e prosperaram, tais como: eBay, Google e Amazon.com. É claro que novas empresas do tipo MySpace, Facebook, YouTube e Wikipedia foram criadas.

Berners-Lee comentou: "Tenho um sonho para a *Web* em que os computadores sejam capazes de analisar todos os dados da *Web* – o conteúdo, os *links* e as transações entre pessoas e computadores. Ainda está por surgir uma *Web* semântica que torne isso possível. Mas quando ela o fizer, os mecanismos usuais de negociação, a burocracia e nossas vidas cotidianas serão tratadas por máquinas que conversam com outras máquinas. Os 'agentes inteligentes' em que as pessoas apostaram por tanto tempo finalmente se materializarão".[16] Muitas pessoas, dentre elas Berners-Lee, já chamam isso de *Web 3.0*.

PARTE III

O cérebro por trás da *Web*

CAPÍTULO 6

Uma *Web* de neurônios

O HARDWARE DA INTERNET é um pouco mais do que uma rede de computadores e linhas telefônicas. Ele é um aperfeiçoamento incremental do que veio antes. Mas a *World Wide Web* é uma mudança transformacional. Ela não se restringe a fios e conexões aperfeiçoadas. Ela é o caldo primordial de onde um dia, acredito eu, surgirá algo semelhante à inteligência humana, com a capacidade de raciocínio, intuição e criatividade.

A *Web* é um sistema de documentos de hipertexto interligados pela Internet. O hipertexto (desenvolvido na Universidade de Brown na década de 1960) aparece com mais frequência como texto sublinhado em azul, no qual você clica para abrir outros *sites*, como se estivesse atravessando uma porta para chegar a um novo território de conteúdo.[1] O uso do hipertexto lhe permite publicar informações, vinculá-las a outras informações e compartilhá-las mundo afora. Um navegador da *Web* possibilita circular pela Internet, buscando páginas e vídeos que talvez sejam do seu interesse.

É interessante notar como *sites* são análogos à rede de neurônios no cérebro. Assim como as redes neurais são a moradia dos pensamentos e recordações no cérebro, os *sites* são o repositório de conteúdo, pensamentos e memórias na Internet.

Uma sinfonia de luzes

Cada neurônio do cérebro tem cerca de 7.000 conexões, totalizando em torno de 100 trilhões de conexões. Essas conexões formam redes neurais, essencialmente centenas de milhões de neurônios conectados uns aos outros. Mas essas conexões não são casuais. Elas se constituem de uma forma especial que permite ao cérebro formar e reconhecer padrões. O *design* desta rede de neurônios é o que provoca faíscas. Ele cria outra camada de complexidade que podemos considerar como uma rede semântica. É aqui que são armazenados todos os nossos pensamentos e lembranças. Procure imaginar as redes semânticas como o *software* do cérebro, e as redes neurais como o *hardware* do cérebro.

Como isso funciona? Quando você ouve a *Sinfonia Nº 1* de Beethoven em *C Maior* ou a canção *All Shook Up* de Elvis Presley, o seu cérebro codifica a música através de milhões de neurônios. (Imagine uma árvore de Natal piscando em determinada sequência para cada música; nossa "árvore", obviamente, tem 100 bilhões de luzes.) Uma rede neural é como uma sinfonia de luzes bem conduzidas por um maestro. Quando você ouve a canção novamente (ou começa a cantarolar essa música no banho), essas luzes piscam novamente na mesma sequência. Quanto mais essas redes forem disparadas em conjunto, mais forte será sua conexão. É por isso que neurocientistas dizem que **"células que disparam juntas permanecem conectadas"**.

Estas conexões também podem provocar emoções: ao ouvir *All Shook Up* pela primeira vez, provavelmente você teve pensamentos agradáveis que, por sua vez, liberaram endorfina que o levaram a sorrir. Tudo isso foi codificado. Portanto, da próxima vez que ouvir a canção, os neurônios se acenderão seguindo o mesmo padrão e você terá o mesmo tipo de estímulo emocional. É por isso que a felicidade e o sorriso andam de mãos dadas; é tão comum encontrá-los juntos que eles são como o cavalo e a carruagem (tente sorrir e não se sentir feliz; é difícil fazer isso). Portanto, o segredo da felicidade é surpreendentemente simples: se estiver se sentido para baixo, **sorria**. Você se sentirá bem melhor!

Sobre mentes e *memes*

Qual é a conexão entre o cérebro e *sites* da Web? O cérebro tem redes de neurônios que formam uma rede semântica de memórias; a Internet tem uma *World Wide Web* de *sites* da *Web*.² Os *sites* são o s*oftware* da Internet, assim como as memórias são o *software* da mente.

O interessante é a rapidez com que a *Web* cresce, superando a evolução do cérebro humano. Há cinco milhões de anos, o volume do cérebro de nosso primo evolucionário, o *Australopiteco*, era em torno de 450 cm³, o equivalente ao do gorila de hoje. Cerca de 500.000 anos atrás, o volume do cérebro do *Neandertal* era mais que o dobro disso, em torno de 1.000 cm³. Já o cérebro do *Cro-Magnon* era 50% maior que isso ou aproximadamente igual ao tamanho do cérebro humano atual.³

Talvez esta taxa de crescimento seja rápida, mas não é nada comparada ao crescimento da *World Wide Web*. Nos seus dez primeiros anos de existência, a *Web* cresceu 850% ao ano. Em 2008, existiam por volta de 175 milhões de *sites* na *Web*.⁴ Certamente, ela teria que crescer muito mais para conseguir se equiparar aos 100 bilhões de neurônios e os 100 trilhões de conexões do cérebro. Contudo, pelo andar da carruagem, a *Web* crescerá bem mais rápido do que o cérebro humano.

Mas já temos algo semelhante a uma rede semântica *on-line*. Assim como redes neurais saudáveis geram sistemas de memória, a Internet habilita a *World Wide Web*. Assim como memórias se conectam a memórias relacionadas, *sites* da *Web* se conectam a *sites* relacionados. Como resultado, o cérebro e a Internet estão repletos de ideias, boas e ruins. Em outras palavras, os *sites* da *Web* são *memes*.

Conforme observado anteriormente, o biólogo Richard Dawkins definiu *memes* como ideias que vivem, se espalham e morrem da mesma forma que um material genético. Em sua maioria, os *memes* são orientados pela linguagem. Nossa capacidade de comunicação permite que os *memes* se espalhem, sofram mutações e cresçam.

O cérebro humano evoluiu como um dispositivo em conexão permanente até cerca de 150.000 anos atrás, quando de repente cresceu 4 vezes, criando o manto espesso de 0,31 cm que cobre o cérebro original, primitivo, como uma espécie de touca de banho. Foi essa parte do cérebro, o córtex cerebral, que nos deu a linguagem. E foi neste estágio que a comunicação se tornou parte importante da evolução e aconteceu algo notável: a mente começou a superar a evolução. Em vez de ter um grande avanço no próprio cérebro (o *hardware*), a humanidade começou a desenvolver o s*oftware* – o s*oftware* cultural – que foi aperfeiçoado com o tempo.

É no centro deste processo que encontramos a comercialização de ideias e a colheita dos frutos desse comércio – seja por meio de índios norte-americanos ensinando os peregrinos a cavar um buraco na areia para espetar o peixe e deixá-lo defumando, a plantar a semente do milho em montes, ou *sites* e *blogs* de hoje voltados para a área médica que transmitem informações sobre doenças e curas ao redor do mundo em uma velocidade astronômica.

Dan Dennett, como sempre, descreve esta evolução com muito charme: "Ser capaz de falar é algo tão extraordinário que qualquer um com dificuldade de fazer isso estaria em tremenda desvantagem. O primeiro de nossos ancestrais a falar certamente teve muito mais trabalho para aprender a fazer bem isso, mas somos os descendentes dos mais virtuosos entre eles."[5] Dennett quis dizer (e Richard Dawkins defendia) que a evolução dos *memes* não é simplesmente análoga à evolução genética; ela é uma **extensão** dela. A evolução dos *memes* é tão significativa para a evolução da espécie humana quanto o fora o polegar opositor – e tão prejudicial quanto o câncer. Alguns *memes* podem ser benéficos a nós, como o impulso social que nos leva a deixar de fumar. Outros *memes* são nocivos, como, por exemplo, os pensamentos de suicídio.

Abaixo da superfície do lago

Isto nos remete novamente à Internet, a grande fornecedora de *memes*, com velocidade e densidade de expansão alucinante. De uma forma geral, um *site*, assim como uma ideia, só é visto pela pessoa que a criou. Os *memes*, ao que tudo indica, apresentam um comportamento semelhante ao de *sites*. Os *memes* são competitivos, brigam por espaço e visibilidade, além de clamarem por atenção (seja um *site* de cartão de crédito ou um *jingle* irritante que não sai da nossa cabeça). Para competir, um bom *site* precisa servir ao público óbvio e ao não tão óbvio: pessoas e computadores. Caso contrário, ele desaparecerá no mar invisível de *sites* na Web.

A *Web* é um lugar frenético, perigoso para qualquer *meme* ambicioso. Como um *site* continua a criar e propagar, em vez de destruir? Conforme disse anteriormente, um *site*, assim como um *meme*, precisa transmitir a si próprio.

E, como os *memes*, os *sites* fracos não resistem. Segundo os neurologistas, no cérebro, as memórias fracas, aquelas que não fazem sentido junto a tantas outras, são continuamente descartadas em nome das mais fortes.

O mesmo pode ser dito em relação aos *sites*. Mas você precisa saber quem está verificando esses *sites*. É aí que as coisas se complicam. Existem os suspeitos comuns: mães, pais, crianças, acadêmicos e clientes. Mas não podemos esquecer os outros cérebros em questão: *spiders*, *bots*, algoritmos, agentes secretos e outros *crawlers* aterrorizantes que visitam a *Web*.*

Os mecanismos de busca foram capazes de criar *spiders* (ou *Web crawlers*) que circulam na Internet lendo tudo que se encontra lá. Esses agentes são enviados por diversas empresas para recuperar informações sobre a *Web* a fim de que os *sites* possam ser indexados e categorizados por meio de algoritmos inteligentes. Os algoritmos do Google, por exemplo, procuram *sites* com o maior volume de *memes*, ou seja, *sites* ricos em conteúdo. Dessa forma, o cérebro maior da Internet pode ser alimentado. Outros *sites* são deixados por último pelo mecanismo de busca do Google e, assim, passam a vida sozinhos e acabam morrendo. Como você pode perceber, a Internet, assim como a natureza, é agressiva como no mundo selvagem.

Para sobreviver, *sites* precisam apresentar novidades e serem atraentes. Os *memes* e os *sites Me-too* ["Eu também"] acabam sempre morrendo.** Mas, em geral, um *site* é uma máquina de *meme* terrível. Na Internet, talvez seja de fato pior do que no cérebro, pois você também precisa lidar com uma porção de mecanismos de busca. Um *site* precisa estar entre os melhores resultados de busca; caso contrário, ele será irrelevante. Nossos cérebros conseguem processar apenas sete ou mais ideias de uma só vez. Portanto, para ser visto, um *site* precisa ser exibido na primeira página de determinada busca. Se você procurar **"urso pardo"** no Google, ele retornará mais de dois milhões de resultados. Mas a maioria das pessoas não se dão ao trabalho de ir além da

---

* Nota da tradutora: Um *Web crawler* é um programa de computador que navega pela *World Wide Web* de uma forma metódica e automatizada. Outros termos para *Web crawlers* são indexadores automáticos, *bots*, *Web spiders*, *Web robot* ou *Web scutter* (fonte: http://pt.wikipedia.org/wiki/Web_crawler)

** Nota da tradutora: "*Me-too!*" foi um fenômeno cultural da Internet que ocorreu entre o início e meados da década de 1990 no Usenet, um sistema BBS (*bulletin board system*) de distribuição em massa, em que uma solicitação de informações feita por um usuário levava muitos outros usuários a pedirem para receber essas informações. Bastava enviar a frase "*Me, too!*" (adaptado de http://www.answers.com/topic/metoo)

primeira página; assim, é provável que o milésimo *site* seja a respeito do "urso que demarca território com fezes na floresta".

Se o seu *site* não se encontra entre os sete ou dez melhores resultados (sem falar entre os milhões melhores) em um mecanismo de busca, ele não é relevante. Mesmo assim, milhões de dólares são desperdiçados todos os dias em uma tentativa de mover *sites* da colocação 1200 para 400 e para 40 nas classificações do Google; com certeza essa é uma boa estatística para apresentar ao Conselho de Administração, mas isso não aumentará as vendas. Seria bem melhor estreitar sua categoria do que tentar elevar a classificação em uma categoria mais ampla. Seja você um *site* na Internet, uma ideia na mente ou um valentão no pátio da escola, é bem **melhor ser um peixe grande em um lago pequeno**.

A sobrevivência do *site*, portanto, depende da descoberta de um nicho de domínio. Uma pizzaria em Des Moines, Iowa, não consegue competir coma Domino´s, nem mesmo se tornar a melhor pizzaria de Iowa. Ela não tem a menor chance de se tornar a N° 1 na categoria pizza no Google. Mas o *site* tem grandes chances de se tornar o N° 1 de pizzas em Des Moines. Da mesma forma, por que um *site* deveria competir (e perder) em artigos esportivos de colecionador se poderia perfeitamente estreitar seu nicho e se tornar o distribuidor N° 1 dos pisos em madeira da quadra de basquetebol do antigo ginásio Boston Garden? Para que um *site* tenha êxito, ele precisa ser a Hertz (N° 1) e não a Avis (*We try harder*) ["Nos esforçamos cada vez mais"]. Lembre-se da resposta de Yoda para o comercial da Avis: "Ou você faz ou não faz; não existe essa coisa de tentar fazer."

Mesmo que o conteúdo seja apropriado, um *site* difícil de decifrar está no limiar da destruição. Assim como os pássaros com as penas mais exuberantes, os *sites* precisam apresentar seus produtos de forma adequada. O *site* do Google é o exemplo certo: uma aparência organizada, poucos *links* essenciais e um grande botão bem localizado para o envio de informações. Este é o paradigma da reprodução de *memes*. Por outro lado, *sites* que são complexos e difíceis de navegar devem desistir, pois estão fadados à destruição. Costumo utilizar minha avó como o teste de agradabilidade na leitura de um *site*. **Se ela consegue compreendê-lo, então ele é bom!**

Nossos olhos no comando

Recentemente, li a respeito dos caranguejos que, quando saem da água, não conseguem sentir o cheiro de possíveis parceiros para o acasalamento (como fazem na água salgada do mar). Então, quando os caranguejos estão em terra, como fazem para encontrar o parceiro ideal? Pela aparência. Agora não sei o que chama a atenção de um caranguejo (talvez as patas?), mas sei que os *sites* vivem e morrem de acordo com a beleza de sua aparência para os visitantes. Características atrativas incluem áudio, elementos gráficos, texto e até mesmo *pop-ups versus pop-unders*. Você tem uma grande variedade de opções. Algumas coisas prevalecem: as pessoas são inerentemente visuais, por exemplo. Portanto, uma foto pode dizer muito mais que mil palavras. O texto deve ser curto, simples e consistente.

Muitos *sites* triunfam simplesmente por colocar informações de forma inteligente na tela. Estudos de rastreamento ocular foram realizados para avaliar o que as pessoas visualizam primeiro. Um **rastreador ocular** é um dispositivo estranho que é ajustado à cabeça de uma pessoa e rastreia, como você pode imaginar, o movimento dos olhos. Parece que nossos olhos estão em contínuo movimento e os rastreadores oculares identificam para onde "realmente" estamos olhando.

A maioria das pessoas ficam surpresas ao saber que nossos olhos se movimentam continuamente. Esta é outra peça que o cérebro prega em nós: percebemos que nossos olhos estão olhando diretamente para aquilo que pensamos que estamos vendo, mas isso é uma falácia. O cérebro é lento demais para processar informações dos nossos olhos numa velocidade acima de apenas alguns graus pela retina por segundo, o que ocorre sempre que nos movimentamos (e quase sempre estamos em movimento). Para compensar, nossos olhos se movem constantemente enquanto olhamos para as coisas, em um movimento enganoso denominado **sacada**.

Temos dificuldade em focar objetos em movimento e eles, por sua vez, são uma boa demonstração de nossas limitações visuais. Observe um ventilador elétrico em movimento. Depois que as hastes do ventilador começam a se mover, elas viram uma coisa só e as lâminas individuais ficam praticamente indistinguíveis. Mas não é o movimento **em si** que causa isso. Se você desligar o ventilador e movimentar sua cabeça o mais rápido possível enquanto olha para o ventilador, as lâminas ficarão distinguíveis porque seus olhos permanecerão focados nas lâminas, movendo-se em direção contrária ao movimento do seu corpo. Ao ler este livro, ocorre o mesmo. Embora o seu corpo não se mova muito, sua mente e seu interesse o fazem; portanto, seus olhos se movem em sacadas para diferentes pontos da página, ocasionalmente parando em determinados pontos. Os rastreadores oculares rastreiam com precisão esses movimentos dos olhos.

Os rastreadores oculares mostram que determinadas informações são melhor apresentadas de determinadas formas. Por exemplo, pessoas tendem a ignorar o texto em favor dos elementos gráficos. Elas também ignoram um texto longo e preferem um texto curto. E passam muito tempo olhando para barras de navegação, cabeçalhos e listas.[6] Essas tendências talvez sejam um produto dos anúncios conhecidos como *banner* (forma comum de propaganda na Internet), onipresentes da era inicial do ponto.com. Esses anúncios eram tão irritantes que a maioria das pessoas começou a ignorar tudo que de longe parecesse uma propaganda, tais como gráficos ou texto grande, em negrito. Um termo foi até inventado para denominar esta tendência: **cegueira** ao *banner*.[7]

Uma *Web* de *spiders*

Mas os *sites* precisam se voltar para o público de seres humanos e mostrar o conteúdo certo para os algoritmos de *spider* enviados ao ciberespaço para que sejam explorados. Esses algoritmos seguem diferentes regras. Embora as pessoas e os *spiders* comecem a ler da parte superior esquerda (pelo menos nos idiomas em que a leitura é feita da esquerda para a direita), os *spiders* tendem a procurar as fontes maiores, as descrições de gráficos (as pessoas em geral ignoram isso), as *metatags* (as pessoas sempre ignoram isso), as barras de navegação e outros *links*. Os *crawlers* e a indexação no Google sozinho englobam mais de duzentas etapas. (É claro que o processo humano é ainda mais complexo, pois ativamos milhões de neurônios para executar a mais simples das tarefas, como, por exemplo, ler este livro.) **E o que o *site* na *Web* tem a ver com isso?** Os inteligentes seguem as regras que os seres humanos gostam. Isso ocorre porque a maioria dos *spiders* tentam reproduzir a forma como as pessoas observam os *sites* para que consigam apresentar resultados consistentes com as necessidades e os interesses das pessoas.

Mas nunca é tão fácil assim. Os melhores *sites* têm um conjunto consistente de *links* internos, uma barra de navegação e um mapa do *site* ou uma lista de todas as páginas. *Spiders* navegam na *Web* através de *link*s (eles não têm dedos para digitar URLs). Mapas de *sites* facilitam suas vidas. Imagine uma crítica de restaurantes que precisa andar de cadeira de rodas. Provavelmente, ela dará preferência a restaurantes que tenham acesso para cadeiras de roda, mesmo que isso não tenha nada a ver com a comida. *Spiders* também têm sentimentos: como resultado, eles foram programados para dar prioridade a *sites* com mapas e barras de navegação.

Os melhores *sites* também apresentam um assunto específico para cada página, junto com uma palavra-chave representativa que é repetida com frequência (mas não demais). Spiders tentam **categorizar** o *site*. Isso significa que eles procuram palavras-chaves ou formas de reduzir o texto prolixo (na opinião deles) do *site* a uma única palavra-chave. *Sites* inteligentes permanecem vivos, facilitando ao máximo a vida dos *spiders*. Eles evitam incluir informações discrepantes em uma mesma página. Um *site* de pizza em Des Moines, por exemplo, deve repetir uma palavra-chave (como "Pizzaria Des Moines") com frequência e evitar sinônimos (a maioria dos *spiders* pensa que "Loja de Pizza" e "Pizzaria" são tão semelhantes quanto maçãs e laranjas).

Sites também precisam ter uma riqueza de conteúdo (ou seja, texto). *Spiders* foram projetados para priorizar com base na profundidade das informações e eles buscam *sites* de autoridade. Essa preferência é consistente com a criação de palavras-chaves, mas pode ser confusa. A ideia aqui é oferecer uma abundância de informações relevantes sobre apenas uma coisa. Para um *spider*, menos não é mais. Para um *site*, a quantidade de palavras não faz diferença, desde que você seja consistente; o importante é não ser um texto aleatório.

Fora do penhasco evolucionário

Apesar de fazermos o melhor para nos mantermos em forma, a natureza às vezes nos prega uma peça. Na vida real, isso pode ocorrer quando o DNA de um dinossauro instiga-o a crescer mais do que o ambiente suporta, ou quando os romanos decidem beber vinho em taças de chumbo.

Na Internet, desastres não intencionais podem ocorrer de repente. Pense no que aconteceu recentemente com uma empresa de capital aberto chamada

Answers.com. Como líder na Internet, ela pensou que já tinha conquistado sua posição: a empresa sabia exatamente o que o Google desejava e conseguiu satisfazer aos *spiders* e algoritmos do Google. Com esse grau de confiança, a Answers.com decidiu chegar ao extremo de criar diversos *links* para si mesma, e fazendo uso dos meios que fossem necessários.

Mas, depois de algum tempo, os magos do Google começaram a fazer uma sintonia fina de seus algoritmos para aumentar a qualidade das buscas. Como disse antes, os algoritmos começaram a verificar características como relevância, longevidade, profundidade do conteúdo e outras medidas subjetivas que de fato determinam a relevância. O Google começou a classificar não apenas os *sites*, mas também os *links* encontrados nos *sites*. Ele começou a descontar e até mesmo descartar o que considerava como um *link* fraco. Minutos após as mudanças, milhões de *sites* foram reclassificados. A equipe do Answers.com pensava que tinha todas as respostas. Ela trabalhou sem parar para fazer as alterações apropriadas no seu *site* após o Google ter tomado esta providência.

O que aconteceu? Em julho de 2007, o Answers.com ainda era uma empresa muito procurada na Internet. Suas ações disparavam e ela estava prestes a fazer uma grande aquisição de um de seus principais concorrentes, o Dictionary.com, por US$100 milhões.[8] A fusão dessas empresas resultaria em mais de 22 milhões de visitantes exclusivos a cada mês e colocaria a empresa em vigésimo oitavo lugar em termos de visitas ao *site* na Internet, superando A Craiglist, a NBC, a CitySearch, a Gannett, a ESPN e a Cox Communications em termos de número de acessos. Ela seria classificada em segundo lugar, só perdendo para a Wikipedia em termos de *sites* de referência.[9]

Mas tudo isso mudou no dia 2 de agosto, quando o Google mudou seu algoritmo de busca. Em uma questão de minutos, o Answers.com perdeu 28% de seu tráfego na rede. Em 2 de julho, exatamente um mês antes, as ações valiam US$12. Quando ele anunciou o problema da busca, as ações do Answers.com caíram quase 50%, passando a valer US$7,76. E continuaram caindo a partir de então, chegando a valer US$5,58 alguns meses depois. A empresa nunca fechou um negócio com o Dictionary.com, fato que havia sido anunciado alguns meses antes.[10]

Parte da explicação reside no fato de que o Answers.com não compreendia a Internet e seu pensamento – e, certamente, ele não compreendia o cérebro.

Ele construiu seu castelo com base na confiança de que poderia "enganar" os algoritmos do Google. E, por um tempo, ele conseguiu fazer isso. Mas o Answers.com não percebeu que o cérebro da Internet ainda está em desenvolvimento e que algoritmos mais complexos eliminam os *sites* desprovidos de nutrientes, assim como o cérebro faz durante sua evolução.

Mas o segredo do sucesso dos *sites* não se encontra no Google, nem em um manual sobre HTML, nem na Internet; a resposta está no **cérebro**.

Isso mesmo. A *World Wide Web* é um lugar perigoso para *memes* – repleto de *spiders*, vírus, e *sites* novos e poderosos preparados com veneno para atingir sua presa e fazer sua refeição. A pior parte é saber que tudo isso está acontecendo de maneira tão acelerada que aquilo que funcionava ontem, ou mesmo esta manhã, talvez não funcione esta tarde.

Se você considera esta situação ruim, tenho más notícias para você: a **situação tende a piorar**. Por enquanto, os computadores estão processando informações de forma serial. Mas, quando o processamento paralelo se tornar uma operação *du jour* (cotidiana) para a maioria dos computadores, e quando os *sites*, *spiders*, *memes* virais e todo o resto obtiverem o tipo de inteligência da rede de redes, tendo como pioneiro o meu mentor Jim Anderson, **tudo será processado em uma velocidade ainda mais alucinante**.

Há muitos anos, Dan Dennett escreveu: "Os *memes* agora se espalham pelo mundo à velocidade da luz e se reproduzem a um ritmo que nem as moscas e as células fúngicas conseguem acompanhar." E prosseguiu: "Eles saltam de forma promíscua de um meio para outro, e estão se revelando praticamente não sujeitos a períodos de quarentena."[11] Isso ocorreu em 1990, antes do processamento paralelo e até mesmo antes da maior expansão da *World Wide Web*. Na próxima iteração, *memes* estarão por todos os lados em um piscar de olhos, surgindo e desaparecendo mais rápido do que as moscas e as células fúngicas. Resta-nos saber como seremos capazes de distinguir o que é bom e o que é ruim, o que é valioso e o que é destrutivo – ou até mesmo localizar o *meme* desejado em um mar de 100 bilhões deles. Mas uma solução já desponta, conforme veremos nas próximas páginas.

CAPÍTULO 7

Buscando as palavras certas

A PRIMEIRA VEZ QUE VI LARRY PAGE, cofundador do Google, foi no *hall* de entrada do Fairmont Copley Plaza Hotel, em Boston. Era um dia chuvoso de abril de 2000. Estávamos participando de uma conferência sobre o futuro dos mecanismos de busca.[1] Alguns anos antes, Page e o outro fundador do Google, Sergey Brin, criaram um mecanismo de busca chamado BackRub, que pesquisava informações analisando os *links* que faziam o indivíduo retornar a um *site*. Eles tinham um orçamento apertado e trabalhavam (se você não sabe) em uma garagem no vale do Silício.

A maioria dos participantes da conferência acreditava que a forma de recuperar informações da Internet precisava ser semelhante à maneira como bibliotecários recuperam livros já descartados. Na verdade, o Yahoo! (um dos principais apresentadores na conferência) havia contratado vários bibliotecários para ajudar a categorizar a Internet inteira. Outro participante, o AltaVista, estava construindo uma biblioteca da Internet que era pesquisável por palavras-chaves. Como Page e eu não éramos palestrantes naquele dia, lá estávamos nós no *hall* de entrada do Fairmont, jogando conversa fora.[2] (lembro-me de Page sugerir que trabalhássemos juntos e, considerando o mercado de capitalização do Google, me arrependo de não ter me ajoelhado a seus pés imediatamente, aceitando a oferta.)

Se nós dois tivéssemos sido convidados a dar uma palestra na conferência, acredito que teríamos dado nossa contribuição ao debate.[3] O conhecimento e a formação de Page, em especial, teria mudado a direção da conversa. Quando ele estudava para obter seu Ph.D. em Stanford, seu conselheiro foi Terry Winograd – conhecido não apenas como professor da ciência da computação em Stanford, mas também como um dos maiores especialistas em ciência cognitiva. Os livros de Winograd (incluindo *Understanding Natural Language*, *Language as a Cognitive Process* e *Understanding Computers and Cognition*) exploram as possíveis pontes existentes entre a comunicação de humanos e computadores.[4] Em outras palavras, quando Page fundou o Google, ele já era um profundo conhecedor do cérebro. Além disso, se Page precisasse de maiores explicações sobre os laços existentes entre cognição, linguagem e computadores, poderia recorrer ao seu próprio pai, Carl Victor Page, que era professor da Michigan State University e especialista em inteligência artificial.

Embora tivéssemos pouca consciência disso na época, Page e eu trabalhávamos em linhas semelhantes para descobrir uma maneira melhor de fazer buscas na *Web*. Nos dois casos, nosso trabalho era orientado pela ideia de que o problema da busca não residia na categorização da Internet, mas na classificação da relevância de páginas na *Web*.

Na época, esse pensamento era revolucionário. A maior parte dos mecanismos de busca competiam para ser aquele com o maior índice na *Web*. Mas quem se importa em saber se um mecanismo de busca categorizou o milionésimo *site*? Ao que tudo indica, esse problema da busca também é o maior problema da mente humana. Com tamanha quantidade de informações que o cérebro armazena, como ele consegue dar um sentido a tudo isso?

Em relação ao conteúdo, o Google adotou uma abordagem que é bem semelhante àquela dos maiores mecanismos de busca, para implantar *software* inteligente para "ler" um *site*. Os primeiros mecanismos de busca organizavam esse conteúdo por palavras-chaves, que podem ser usadas para fazer buscas em larga escala. Quando Page e Brin ainda estudavam em Stanford, o Google já fervilhava com o acesso a 50 páginas por segundo e conseguia indexar *sites* até mais rápido do que isso. Mas a grande inovação veio em seguida:

a ideia de que a importância de um *site* se baseia na quantidade de *link*s de outros *sites* presentes nele. E não se trata apenas de verificar a **quantidade** de *links*, mas também a **qualidade** desses *links*. O conceito subjacente é o de que os melhores *sites* são aqueles cujos *links* para eles mesmos aparecem em muitos outros *sites*.

Com o tempo, os algoritmos do Google evoluíram e se tornaram mais poderosos. O Google hoje verifica a relevância de determinado *link* e avalia os *links* com base na sua semelhança com a categoria de *sites*. Um *link* do SportsIllustrated.com, por exemplo, tem mais valor para um *site* como Yankees.com do que para o Amazon.com. O Google também verifica a qualidade do *site*, de tal forma que um *link* da Brown Medical School, por exemplo, é considerado mais valioso do que o Backyard Biomedical da Sonny. Isso significa que o *site* precisa ter *links* de acesso a si mesmo incluídos em outros *sites* relevantes e de alta qualidade. Hoje já não basta que um livro ou filme seja bem aceito pelos leitores; ele precisa receber elogios da crítica, conter estrelas que atestem a boa avaliação ou duas mãozinhas com o polegar levantado indicando aprovação.

Isto lhe parece familiar? Deveria, pois é assim que o cérebro funciona: os **melhores** neurônios, aqueles que apresentam as conexões mais preciosas, têm a maioria dos *links* a outros neurônios ao seu redor. Isso também é a essência da teoria dos *memes* egoístas de Richard Dawkins.

Isso destaca outro pensamento: para a Internet se tornar um cérebro, ela precisou aprender a se comunicar, assim como os seres humanos o fizeram há milhares de anos. As palavras, afinal, são a unidade fundamental da inteligência humana; a linguagem é a base da civilização. Sigmund Freud estava certo ao dizer que: "**O primeiro humano que xingou seu inimigo em vez de atirar-lhe uma pedra foi o fundador da civilização.**"

E expressar-se em palavras é uma **conquista exclusivamente humana**, uma habilidade que nenhum outro animal e nem mesmo um computador conseguiu dominar. Mas, na Internet, e através do trabalho do Google e de outros ases da Internet, a linguagem está transformando a Internet em um cérebro civilizado. A melhor forma de compreender a Internet e utilizar isso a seu favor é descobrir como o Google lê *sites*.

Vamos chamar Henry Higgins

Como o Google aprendeu a usar palavras para se comunicar com sites? Esta é uma tarefa extremamente difícil. O Google precisa ler uma página da *Web*, interpretar seu significado e depois determinar sua relevância para uma palavra-chave que foi digitada pelos usuários. **Como fazer isso?** Como foi minha primeira empresa, a Simpli.com, que ajudou a inventar parte da tecnologia que possibilitou isso, explicarei como fizemos isso.[5]

Todas as ideias convergiram em uma tarde invernal, em 1999. Um homem de quase 90 anos de idade surgiu em nosso escritório na Universidade Brown. Na época, minha equipe estava tentando construir um mecanismo de busca capaz de localizar informações com maior precisão na *Web*. Qualquer busca precisa de um mago e encontrei o meu naquele dia. Seu nome era George Miller. Ele veio de Princeton, onde lecionava linguística (e foi condecorado com a medalha Nacional de Ciências).[6]

Miller, um linguista, desenvolveu um programa de *software* inovador chamado WordNet, uma tentativa audaciosa de categorizar e armazenar a linguagem humana em computadores de tal forma que lembrasse a maneira com que o cérebro armazena a linguagem.[7] Se os mecanismos de busca conseguissem utilizar esta tecnologia, seriam capazes de interpretar o significado de uma busca. Era exatamente este problema que as pessoas enfrentavam com a Internet antes do advento do Google. Pesquisadores precisavam passar de um mecanismo de busca para outro, e nenhum deles era muito satisfatório. Mas, digamos que meu grupo conseguisse ir mais além. Digamos que pudéssemos ajudar a Internet a se comunicar com nosso cérebro.

Você deve estar se perguntando o que um linguista tem a ver com a Internet. Talvez você nunca tenha conversado de verdade com um linguista e suponha que todos os linguistas sejam como o professor Henry Higgins de *My Fair Lady (Minha Bela Dama)*, um personagem esguio, vestindo um terno espinha de peixe, com o hábito desagradável de corrigir as pessoas em público (O quê?). Você não gostaria de se sentar ao lado de um tipo desses em um jantar. Mas, para não correr o risco de exagerar o caso, pensemos da seguinte forma: os linguistas se tornaram o Indiana Jones da ciência do cérebro, ou seja, são exploradores do desconhecido.

Por quê? As palavras são a forma de comunicação mais direta que temos na mente. Elas são símbolos do pensamento que são transmitidos de uma pessoa para outra, como os sinais de fumaça que surgem na entrada de uma caverna escura. Em nosso dia a dia, aceitamos palavras e frases como verdade. Conforme disse certa vez o imperador chinês Chuang-Tzu: "O objetivo de uma armadilha para coelhos é pegar coelhos; quando estes são agarrados, esquece-se a armadilha. O objetivo das palavras é transmitir as ideias. Quando estas são apreendidas, as palavras são esquecidas."

Para linguistas, o estudo da linguagem, da gramática, além da lógica e da razão implícitas nelas, guarda segredos em relação aos trabalhos de mente. Esses estudos nos ensinam não apenas como optamos por descrever o mundo, mas também como recuperamos informações e como estruturamos palavras em frases, e frases em parágrafos. Eles revelam a lógica por trás do pensamento – e, é claro, a ilógica que torna os seres humanos, humanos.

Não podemos conceber uma Internet inteligente que não seja capaz de compreender a linguagem. Mas compreender a linguagem não se resume a simplesmente aprender palavras. Segundo Steven Pinker, psicólogo de Harvard: "Se existe uma sacola no seu carro e dentro dela há uma garrafa plástica de 5 litros de leite, existe uma garrafa de leite no seu carro. Mas, se uma pessoa está dentro do seu carro e há 5 litros de sangue dentro dela, seria bizarro concluir que há 5 litros de sangue dentro do seu carro."*

Pense nesta anedota: "Dois amigos estão bebendo em um bar e um deles se vira para o outro e diz 'Joe, acho que você já bebeu demais – seu rosto está ficando embaçado'"[9] Talvez os cem bilhões de neurônios que residem no seu córtex cerebral levem um ou dois segundos para compreender a piada. Mas, um computador, por maior que seja seu QI (quociente de inteligência) de silício, muito provavelmente não compreenderá a piada. Esses são os tipos de pistas da linguagem e do pensamento que uma máquina pensante precisaria decifrar. Caso contrário, apesar dos seus bilhões de circuitos, consumindo eletricidade e fazendo cálculos um milhão de vezes mais rápido do que os neurônios de um cérebro, o computador continua sendo uma máquina tola.

E era exatamente esse tipo de experimento que Miller e minha equipe estavam desenvolvendo quando tentamos "ensinar" mecanismos de busca como o Google a ler e compreender páginas da *Web*. A ideia se originou de uma

---

* Nota da tradutora: tradução livre.

versão expandida do WordNet. O WordNet representava o conhecimento e as palavras em uma série de hierarquias que ajudavam a reunir o contexto de palavras. Considere o seguinte exemplo:

veículo > veículo motorizado > automóvel = auto = carro > carro esportivo > *Porsche* > 911, 944, *Boxster*

Quase todo tipo de palavra na linguagem natural inclui generalizações e especializações desse tipo. Essas relações formam uma estrutura de rede. O poder de uma representação de rede é que ela coloca informações específicas em uma estrutura mais geral que pode ser usada para computar respostas a consultas. Em um mecanismo de busca comum, se um usuário digita *Boxster*, o único termo que pode ser pesquisado é *Boxster*. Contudo, se usamos a estrutura de rede do WordNet, também podemos ativar os nós **carro esportivo** e *Porsche* (que evocam informações ainda mais poderosas) e rapidamente descobrir que *Boxsters* têm mecanismos de alta potência, em geral têm dois assentos e não são tão baratos.

É evidente que há um problema mais sério quando se trata da linguagem, ou seja, as palavras são ambíguas. Se as palavras utilizadas na linguagem natural tivessem apenas um significado bem definido, a vida seria bem mais simples. Infelizmente, esse não é o caso. A linguagem é um instrumento complexo, em constante evolução. Basta fazer uma pesquisa rápida em um dicionário que ele mostrará que, basicamente, todas as palavras comuns têm múltiplos significados. Na realidade, quanto maior a frequência de uso de uma palavra, maior será sua probabilidade de ter um maior número de significados. (Os linguistas chamam a ocorrência de múltiplos significados em uma palavra de **polissemia**, que não deve ser confundida com uma palavra com grafia e pronúncia parecidas, mas que significa ter várias esposas...) É um truísmo para linguistas dizer que toda palavra tem um significado um pouco diferente. Conforme vimos no caso de *memes* e *sites*, se duas palavras têm exatamente o mesmo significado, uma delas desaparecerá, como ocorre historicamente.

Pense nas palavras *board* e *plank*. As duas podem se referir a pedaços de madeira. As duas frases, "Ele foi ao The Home Depot e comprou um *board* (tábua) de pinho compensado" e "Ele foi ao The Home Depot e comprou um *plank* (prancha) de pinho compensado", têm praticamente o mesmo significado. Entretanto, as palavras *board* e *plank* podem adquirir múltiplos significados, e esses outros significados são totalmente distintos. Por exemplo, *board* e *plank* não são sinônimos na seguinte frase: "*The venture capitalist will throw the CEO off a plank if he is not elected to the board of the corporation* (O investidor de risco forçará o CEO a pedir **demissão** se ele não for eleito para o **conselho** de administração da empresa).

Nós, seres humanos, sabemos lidar muito bem com esse tipo de situação. Por exemplo, se somos falantes de inglês, quando ouvimos as três palavras *bat*, *ball* e *diamond*, identificamos que o tópico mais provável está relacionado ao beisebol, embora essas três palavras sejam ambíguas. A palavra *bat* pode se referir a mamíferos voadores, *diamond** pode ser uma pedra preciosa ou um formato, e *ball* pode significar uma festa ou uma esfera. A associação comum das palavras na cadeia de caracteres – beisebol, pode ser determinada de imediato por um observador bem informado que utiliza o contexto formado pelo grupo de palavras e pelo conhecimento geral dele sobre o mundo.

A desambiguização contextual inconsciente, ou seja, a escolha do significado certo de palavras que têm vários significados possíveis, é algo que as pessoas fazem com certa facilidade. Entretanto, os computadores têm tanta dificuldade em lidar com esse problema que as primeiras tentativas da inteligência artificial ficaram esquecidas. Uma palavra é cercada de uma nuvem invisível de contexto, junto com o conhecimento sobre o mundo que pode ser usado por um ser humano, mas que não se encontra disponível para um computador.

O WordNet lida com múltiplos significados de palavras formando o que foi denominado de *synsets* – conjuntos de sinônimos. Cada *synset* consiste em grupos de palavras que compartilham um significado específico; elas funcionam como sinônimos, mas apenas para um único significado. Retomando nosso exemplo, *board* e *plank* formam um synset quando se referem ao significado "pedaços de madeira". Contudo, *board* e *plank* apresentam outros significados que não são comuns aos dois termos. Por exemplo, *board* como em *board of directors* [conselho de administração] e *plank* como em "parte de um navio pirata".**

---

* *Diamond* é como chamamos o campo de beisebol por causa do seu formato de diamante.
** Nota da tradutora: Alguns exemplos foram mantidos em inglês para manter o sentido original empregado pelo autor.

Utilizamos o WordNet para resolver o problema da busca através de um processo denominado ativação por espalhamento.[10] A **ativação por espalhamento** é um processo através do qual palavras intimamente conectadas "dão liga juntas". A arquitetura básica permite o uso efetivo desta técnica computacional no mundo da ciência cognitiva e das redes neurais. A ativação por espalhamento pressupõe que um tipo de "incitação" se espalha de um nó para outro na rede através de vínculos entre os nós. O espalhamento é limitado a uma área local usando várias técnicas de forma que, quando alguém diz *bat* e *baseball*, apenas os outros termos relacionados são ativados (*diamond* e não mamífero voador). Do ponto de vista técnico, a ativação por espalhamento é matematicamente poderosa e também permite o contato com um corpo útil da teoria de redes neurais. Esse contato permite que os vínculos e os nós tenham peso, ou seja, valores contínuos.

Está lembrado da importância das redes semânticas, que vimos no Capítulo 6? Essas redes são essencialmente mapas utilizados por nosso cérebro para navegar por informações em nossa mente. O WordNet aproxima esses mapas, usando *synsets* que permitem à Internet criar contexto na linguagem através da ativação por espalhamento. Como exemplo de como a ativação por espalhamento pode ser útil, considere o exemplo *bat*, *ball*, *diamond*. Cada palavra possui vários significados. Ao mesmo tempo, cada palavra contém um significado associado a *baseball*, entre seus conjuntos de significados. Se simplesmente incitarmos associações conectadas a cada significado, o nó *baseball* será incitado três vezes mais do que os significados que não são comuns às três palavras.[11]

Para obter um exemplo de *e-commerce* mais prático, imagine alguém que esteja procurando camisas, calças e casacos. Todos esses itens fazem parte da categoria subordinante **roupas**. Se cada um desses termos específicos espalhar ativação a partes da rede conectadas a eles, **roupas** será ativado três vezes, uma para cada subordinado. No *e-commerce*, esse cálculo é valioso porque sabemos que camisas raramente são vendidas em "lojas de camisas" e calças raramente se encontram em "lojas de calças", mas ambas podem ser encontrados em lojas de **roupas**. Saber o nível certo de generalidade, ou seja, o tipo de loja, a ser pesquisado (seja no *e-commerce* ou no comércio comum) é **fundamental**. Os computadores em geral têm dificuldade em determinar o nível certo sem ajuda.

Sem este tipo de inteligência, os mecanismos de busca estão fadados a cometer todo tipo de erro. Isso nos remete à primeira versão do sistema de publicidade do Google, que, sem querer, colocou um anúncio de malas de viagem em uma notícia que descrevia como uma mulher foi assassinada e colocada dentro de uma mala.[12] Praticamente todos os mecanismos de busca agora utilizam algumas dessas técnicas para tornar seus mecanismos e algoritmos "inteligentes".

A lei de Zipf e a cauda longa

Como forma de ganhar popularidade, o Google e outros mecanismos de busca agora associam significados à frequência de uso. Esta técnica habilita o mecanismo de busca a ordenar e classificar resultados. A frequência de palavras, o uso de palavras e a frequência de significados de palavras estão relacionados estatisticamente por uma relação observada por meio de experimentos denominada **lei de Zipf**.[13] A lei de Zipf prevê que palavras mais frequentes são muito mais usadas do que palavras menos frequentes. Quando a classificação de uma palavra (palavra mais frequente, segunda palavra mais frequente e assim por diante) é representada em relação à frequência de ocorrência da palavra, a curva resultante é aproximadamente uma hipérbole. Essa relação significa que a centésima palavra mais comum ocorre com praticamente um centésimo da frequência da palavra mais comum. Isso traduz uma queda muito rápida na frequência de ocorrência. Apesar de sua importância, desconhece-se o motivo de as relações da lei de Zipf ocorrerem com tanta frequência na linguagem.

A relação da lei de Zipf também pode ser aplicada ao nível de ambiguidade de palavras. Quanto maior a frequência de uma palavra no texto, maior será o número de significados dessa palavra. Isso leva ao paradoxo curioso de que a maioria das palavras comuns também são as mais ambíguas. Como resultado, tentar escrever um discurso claro usando palavras simples e comuns é relativamente mais difícil do que parece à primeira vista. Em contraste, termos técnicos precisos ocorrem com baixa frequência, mas também tendem a não apresentar ambiguidade. Esse é um dos motivos que levam acadêmicos a ter certa facilidade para escrever artigos científicos em periódicos, que poucas pessoas compreendem, e a ter dificuldade em escrever um livro de interesse geral, que seja de fácil leitura.

A lei de Zipf é diretamente relevante para buscas na Internet porque o número de acessos de uma página específica na *Web* também segue a lei de Zipf. Em outras palavras, as páginas mais comuns são acessadas com muita frequência e o grosso de páginas da *Web* quase nunca é visualizado. As dez mil páginas mais acessadas na *Web* constituem uma fração significativa do número total de visualizações. É essa propriedade estatística que permite a mecanismos de busca como o Yahoo!, o Ask Jeeves e o Mahalo "codificar manualmente" páginas da *Web* especialmente relevantes e não perder tanta capacidade de recuperação, contrariando as expectativas.

Falou-se muito sobre como a Internet impulsionou um conceito denominado "a cauda longa", uma ideia baseada em um livro de autoria de Chris Anderson, sugerindo que **informações e mercadorias menos conhecidas adquiriram mais relevância por causa da Internet**.[14] E existem fortes evidências que sustentam essa noção. Basta dar uma olhada na variedade de músicas disponíveis no iTunes, ou atentar para a quantidade de livros encontrados aleatoriamente no Amazon.com e que antes estavam esgotados. Mas a cauda longa não se aplica de uma forma geral à Internet, a *sites* da *Web* ou a mecanismos de busca. Ainda persiste uma acentuada curva em formato de sino, orientada pela lei de Zipf.

A seleção natural

A Internet é um local competitivo, uma selva em que vários *sites* lutam pelo domínio e pela sobrevivência. Assim como na natureza, em que plantas desenvolveram frutas suculentas, fragrâncias e vantagens para atrair formas de vida benéficas a elas (bem como espinhos e venenos para repelir as formas de vida nocivas), os *sites* concorrentes na Internet recorreram ao subterfúgio como forma de aumentar suas chances de reprodução e sobrevivência.

Ao adentrarem essa selva, os mecanismos de busca procuram significado em *sites* da *Web*, e os *sites*, por sua vez, precisam carregar significado. O que poderia ser menos nutritivo para um *site* do que, digamos, uma solicitação de cartão de crédito de um banco? Os *spiders* dos mecanismos de busca são incansáveis em sua tentativa de identificar esse tipo de *site* na *Web* – *sites* que não apenas levarão o destinatário deste *meme* a adoecer (quem não gostaria disso), mas também acabarão matando o mecanismo de busca (porque os consumidores passarão a utilizar outro mecanismo de busca). Portanto, os mecanismos de busca, especialmente os mais inteligentes, como o Google, estão preparados para identificar coisas como solicitações de cartão de crédito e eliminá-los.

Mas as operadoras de cartão de crédito tentam desesperadamente sobreviver. Ano passado, os norte-americanos receberam seis bilhões de ofertas de cartão de crédito por mala direta, cada uma astutamente personalizada de acordo com o gosto e a localização geográfica do destinatário.[15] Porém, apesar de as operadoras de cartão de crédito terem encontrado sua forma de invasão em massa, a reação à mala direta tem sido bem negativa. Parece que a maioria dos norte-americanos prefere utilizar a Internet para fazer suas compras.

A princípio, as operadoras de cartão de crédito mergulharam cegamente no *marketing* da Internet, utilizando as mesmas técnicas para convencer clientes a adquirirem cartões de crédito. Mas depois começaram a perceber que isso era uma tolice: em termos da seleção natural de um *meme*, uma solicitação de cartão de crédito é um **desastre evolucionário**, um *meme* que não é desejado. No sentido evolucionário, é como se fosse uma semente da maçã sem a maçã, ou como o grão de pólen no estame (órgão masculino da flor), sem a fragrância para atrair a abelha.

Para tornar os *sites* mais atraentes, as operadoras de cartão de crédito passaram a adotar como prática o acréscimo de conteúdo que as torne mais nutritivas. O banco HSBC, por exemplo, tem um *site* chamado Your Point of View.com, que oferece aos visitantes informações sobre tópicos tais como o aquecimento global (incluindo *sites* de *blogs* em que visitantes podem registrar suas opiniões). Eles podem clicar em *The Climate Partnership* (*A Parceria com o Clima*), um *link* que explora o apoio do HSBC a diversos grupos ambientais.

Os usuários podem até mesmo participar de pesquisas em que são lançadas perguntas provocantes como: "Estamos ocupados demais para ter filhos?" ou "Você participaria de um negócio familiar?" Tudo isso, assim como o fruto de uma maçã, foi criado visando atrair clientes a dar a primeira mordida e, ao fazer isso, disseminar a semente. O HSBC não é o único a adotar esse procedimento. O American Express tem o *site* Discovery, que oferece um mecanismo de pesquisa semelhante ao do Google; o Chase oferece aos alunos pontos em recompensa quando eles solicitam um cartão *on-line* e pontos adicionais quando eles convencem um amigo a solicitar um cartão. O Chase criou até mesmo um "mecanismo de compras" no Facebook em que pessoas que solicitam um cartão podem trocar pontos por diversos produtos.

E não para por aí. Alguns marqueteiros ficaram sabendo dos algoritmos de associação do Google e criaram *sites* falsos com *links* para outros *sites* a fim de aumentar artificialmente as classificações de suas páginas. Não estamos falando dos marqueteiros convencionais, com um MBA da Universidade Northwestern, que passaram dez anos na Procter & Gamble e agora estão tentando alavancar a Internet. Estou me referindo aos marqueteiros que são **"tecnologistas que não deram certo"**.

Alguns anos atrás, conheci um **"mago da computação"** de 16 anos de idade, que faturava US$ 3 milhões ao ano, trabalhando na casa dos seus pais. Perguntei o que vendia e ele respondeu: "**Nada.**" Ele simplesmente explorava uma brecha no Google que permite às pessoas criar *sites* afiliados que funcionam como representantes de produtos de outras pessoas. Se você procurar contratantes no Google, quatro dos primeiro cinco resultados serão de afiliados (um deles é uma parceria com o famoso programa de TV especializado em reformas da casa, apresentado pelo *expert* Bob Vila, conduzido por uma de minhas empresas). Eles não vendem nada, mas redirecionam as pessoas para outras ofertas de mercadorias e serviços. Este jovem marqueteiro astucioso criou milhares de *sites* afiliados, criou *links* entre eles e, depois, pagou outras pessoas para criarem *links* para seus próprios *sites*. Quando ele começou a obter tráfego espontâneo do Google, vendeu esse tráfego para os **verdadeiros** marqueteiros da Procter & Gamble, do American Express, do Chase e do HSBC.

Esse truque, embora inteligente, destrói o valor dos algoritmos do Google, assim como uma ideia ruim ou a esquizofrenia pode danificar a mente. Como resultado, o Google começou a se transformar em um sistema de recuperação de memória mais inteligente. Ele tenta eliminar esses *sites* enganosos verificando o conteúdo das páginas da *Web*. O Google verifica quantas vezes o conteúdo é atualizado, sua semelhança com outros *sites* e os *links* que ele contém para outros *sites*. Agora ficou fácil para uma empresa pagar terceiros para obter *links*, fazer parceria com alguém para compartilhar *links* ou simplesmente criar o que é sarcasticamente chamado de "fazendas de *links*": *sites* contendo nada mais que uma grande quantidade de *links* aleatórios. Todas essas técnicas funcionam bem para enganar o Google e os mecanismos de busca. Mas esse é um jogo de gato e rato.

Assim como temos uma complexidade de interesses competitivos no mundo exterior, temos algo semelhante na mente. O cérebro humano está continuamente avaliando informações em uma batalha mental da qual raramente temos consciência (até chegarmos ao ponto de literalmente precisarmos tirar umas férias, ou talvez tomar um banho quente, para tentar colocar nossos pensamentos em ordem). Quantas vezes nos sentimos bombardeados, seja pelas vozes estridentes na TV, pelo zunido de aviões que cortam o céu? Com que frequência precisamos de um "tempo de qualidade" para focar nossas mentes em coisas boas – encontrar um amigo, ler um bom livro, refletir sobre o destino que estamos dando a nossas vidas?

Ao seu modo, os algoritmos do Google estão imitando a necessidade do cérebro de eliminar o redundante e **encontrar** o que **nos faz bem**. A abordagem do Google de vincular coisas relevantes funciona exatamente da mesma forma que uma rede neural simples. Os vínculos entre neurônios são avaliados com base em sua relevância (ou ligação) uns com os outros. E essa avaliação dispara ou suprime a atividade. O Google utiliza uma estrutura semelhante para classificar ou suprimir *sites* através dos resultados de suas buscas.

O ataque dos *crawlies* aterrorizantes

Era este tipo de tecnologia de busca inteligente que os fundadores do Google estavam criando quando nos encontramos pela primeira vez, em Boston, e é por isso que estou sempre me referindo a eles. Parece que os *sites*, assim como a memória, são medidos em relação aos mecanismos de busca que os habilitam a serem recuperados. Uma amnésia não tem utilidade para sua memória porque ela não consegue recuperá-la (supondo que ainda esteja ali). E um *site* é irrelevante (assim como um neurônio, um *meme* ou um veículo para o *e-commerce*) se não é recuperável. No caos da Internet (podemos dizer que um crescimento de 800% e a existência de 100 milhões de *sites* já represente um caos), a ordem surge sob a forma de uma missão de busca e salvamento. (Nesse tocante, podemos também chamar a *World Wide Web* de *Wild Wild West*, mantendo o acrônimo *WWW*.) A grande corrida pela colonização na Internet sempre esteve associado à busca. E praticamente todas as empresas líderes no mercado, incluindo o AOL, o Yahoo!, a Microsoft, a Amazon.com e o Google, tentaram participar da corrida a pé.

Tudo indica que o Google já venceu a corrida. O Google faz mais buscas por dia do que todos os demais mecanismos de busca na Internet juntos, incluindo o Yahoo!, o Ask Jeeves, o MSN e qualquer outro que você possa imaginar. Como os outros perderam a batalha, eles se uniram ao Google na briga pela criação de *sites* com classificação alta no mecanismo de busca que era seu concorrente. Como não era possível derrotá-lo, eles se uniram a ele, pois diversas empresas começaram a criar seus próprios *sites* em torno dos algoritmos do Google e parcerias com ele para fins de publicidade. Foi este nível de cobertura que tornou o Google dominante e, ao mesmo tempo, assustador (e levou seus proprietários e funcionários a enriquecerem de forma inacreditável – já existem mais de mil milionários no Google, contando, inclusive, as massagistas que trabalham internamente).[16]

Talvez você alegue que o Google é uma empresa racional, criada por seres humanos. Mas o Google também tem um ditame evolucionário: afinal, existem vários mecanismos de busca e todos eles competem para oferecer o material com conteúdo mais valioso aos clientes. Um mecanismo de busca que recompensa os usuários com diversas informações certamente será utilizado novamente. Mas um mecanismo cujas buscas são erradas, inconsistentes ou repletas de *spam* desprovido de nutrientes tenderá ao fracasso. A seleção natural atua neste nível.

Portanto, é natural que mecanismos de busca escolham cuidadosamente seus *spiders*: é justamente na capacidade dos algoritmos de discernir entre *sites* com conteúdo valioso e *sites* com conteúdo de pouca utilidade que reside a capacidade de sobrevivência do próprio mecanismo de busca. No topo da cadeia alimentar algorítmica está o Google. Surpreendentemente, contudo, embora as pessoas façam mais buscas no Google do que em todos os demais mecanismos de busca juntos, as pesquisas no Google representam apenas 2% do tempo que usuários ficam *on-line*. Isso ocorre porque o Google cumpre bem sua tarefa: usuários fazem buscas, encontram o que procuram e saem do *site*. Compare isso com o Yahoo!, que tem aproximadamente um décimo do tráfego de busca, mas mantém os usuários *on-line* por um tempo seis vezes maior do que o Google.[17]

A rainha do baile estudantil

Então, os melhores *sites* são filtrados para constar no topo da lista porque incluem o melhor conteúdo, possivelmente o mais útil, certo? Se fosse tão simples assim, todos nós teríamos *sites* modestamente medíocres. Mas as coisas são bem mais complexas. Conforme vimos, a função mais importante do Google é contar o número de *links* **de** e **para** seu *site* e utilizá-los como um representante para identificar a relevância.

A principal inovação do Google a esse respeito é algo que ele chama de PageRank, que classifica as páginas com base no número de *links* externos a um *site*. Lembre-se de que os neurônios determinam a relevância das informações. Os neurônios mais conhecidos e úteis têm o maior número de dendritos. Nas primeiras tentativas do Google, ele simplesmente contava o número de *links* para determinar a relevância (ou popularidade) de um *site* específico. Este método funciona em princípio porque é usado por cada um de nós o tempo todo: assistimos a filmes porque eles são campeões de bilheteria e lemos livros porque eles são *best-sellers*.

Trata-se de um *looping* recursivo estranho, em que neurônios se fortalecem porque são fortes. Da mesma forma, *sites* recebem melhor classificação porque têm uma classificação alta, livros são comprados porque tiveram uma boa vendagem, e filmes são vistos porque todos foram assistir a esses filmes. Vivemos em um mundo em que os ricos ficam cada vez mais ricos, enquanto a moça com grande popularidade na escola acaba se tornando **a rainha do baile estudantil**. De acordo com a turma do Google: "O PageRank se baseia... na *Web*, usando sua ampla estrutura de *links* como um indicador do valor da página de um indivíduo. Basicamente, o Google interpreta um *link* da página A para a página B como um voto, pela página A, para a página B. Mas, o Google não verifica apenas o volume de votos. Os votos gerados por páginas que sejam por si só 'importantes' têm maior peso e ajudam a tornar outras páginas 'importantes.'"[18]

Esta descrição talvez não atendesse aos requisitos em uma eleição democrática, mas deixaria qualquer neurocientista orgulhoso.

CAPÍTULO 8

Os limites das redes

AGORA QUE JÁ desvendamos as possibilidades da Internet, devo fazer uma advertência: apesar da empolgação geral com o Facebook, o Twitter e até mesmo com âncoras como o MySpace e o YouTube, as redes, por natureza, têm um defeito - uma bomba-relógio que a maioria dos investidores e muitas pessoas do setor preferem não encarar. Assim como o cérebro humano se desenvolve rapidamente na infância e depois encolhe, o mesmo ocorre com redes de diferentes tipos, incluindo (e em especial) as redes da Internet. Apesar da liderança dessas empresas, esse crescimento não dura para sempre. É importante ter isso em mente caso você esteja criando uma rede, se for um investidor ou se estiver fascinado com a rede de outra pes soa.

A boa notícia é que, apesar de seu crescimento não ser duradouro, as redes acompanham a curva do cérebro humano: mesmo quando diminuem, elas substituem quantidade por qualidade. Isso mesmo. Assim como os seres humanos adquirem **sabedoria** com a **idade**, as **redes também!**

Podemos tirar a seguinte lição disso: embora todas as redes parem de crescer, elas se fortalecem com o tempo. Para ilustrar melhor isso, vejamos a história de Bob Metcalfe, um dos principais inventores e críticos da Internet.

A lei de Metcalfe e as leis da gravidade

Em 1979, Bob Metcalfe, recém-graduado pela MIT, abria uma empresa que tinha como base um padrão de rede de computação (denominado Ethernet) que ele inventou enquanto estudava para obter seu Ph.D. A Ethernet não apenas interligava computadores pessoais, mas também enviava pacotes de dados de um computador a outro através de uma rede eficiente.

Entretanto, como os sistemas Ethernet exigiam um alto investimento (cerca de US$ 5.000 cada), Metcalfe tinha um grande desafio pela frente: precisava convencer os clientes dos enormes benefícios que teriam ao investir mais capital e adquirir mais conexões Ethernet. Foi algo semelhante ao que ocorreu com os aparelhos de *fax*. Um único aparelho de *fax* não é suficiente. É preciso no mínimo dois para que a operação ocorra. Só quando milhares desses aparelhos estão em funcionamento é que a rede faz sentido. Metcalfe se enquadra nesse caso. Para reforçar isso, ele criou um gráfico visando ilustrar seu argumento. Esse gráfico esboçava que "o aumento do poder de uma rede de computadores em relação aos dispositivos conectados a ela equivale aproximadamente ao número de dispositivos ao quadrado". O *slide* original de Metcalfe está representado na Figura 8.1.

Por muito tempo, a Ethernet fez um tremendo sucesso, sendo adotada por todos os cantos no crescente setor de computadores pessoais. A empresa de Metcalfe, a 3Com, se transformou em uma empresa de capital aberto em 1984 e foi, em grande parte, responsável pela proliferação da Internet no mundo inteiro no início da década de 1990.

FIGURA 8.1

A lei de Metcalfe original

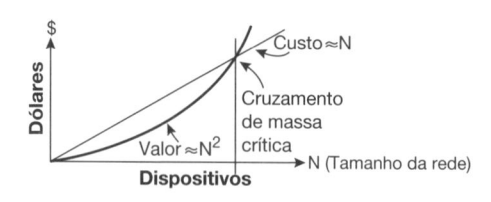

Fonte: Adaptado de Robert M. Metcalfe, *It's all in Your Head*, Forbes, 7 de maio de 2007.

Metcalfe certamente não era apenas mais um daqueles visionários quaisquer, portanto, as pessoas o levaram a sério... Em 1993, George Gilder, um colunista da revista *Forbes*, adotou a hipótese de Metcalfe, trocou o termo "dispositivos" por "usuários" e apelidou a equação de "a lei de Metcalfe."[1] Em 1996, o vice-presidente Al Gore, ao fazer o discurso de formatura na MIT, trocou a palavra "usuários" por "pessoas" e fez alusão à lei de Metcalfe para demonstrar o poder da *highway* (rodovia) de informações.[2] Logo, todo mundo já estava comentando sobre a lei de Metcalfe.

Na essência, a lei de Metcalfe fazia duas declarações fortes. Primeiro, ela afirmava que o **crescimento da Internet seria constante**. Essa afirmação se encaixava perfeitamente no conceito cada vez mais disseminado de que havia uma **"nova economia"** em ação, que não seguia a legislação e as restrições da antiga economia. Assim, no caso da Internet, quanto maior o número de pessoas (ou usuários ou dispositivos) conectadas, **maior seria seu crescimento**.

Segundo, a lei de Metcalfe dizia que os **primeiros adeptos da Internet**, ou seja, as empresas que conseguissem conectar pessoas a redes primeiro, **dominariam a cena**. A teoria era semelhante àquela defendida em 1908 por Theodore Vail, então presidente da Bell Telephone, quando ele declarou que, quanto maior o número de usuários de telefones com o logotipo Bell, melhor para a Bell e para o país. Para tanto, a empresa recebeu um monopólio sobre os serviços de telefonia. Em 1917, um funcionário da Bell chamado Lytkins definiu precisamente essa teoria em um trabalho sobre os "efeitos da economia de rede", e isso foi aceito como verdade por mais meio século.[3]

Na década de 1990, os efeitos da lei de Metcalfe foram bem maiores. Ela não apenas apoiava a ideia da nova economia, mas também inflava ainda mais a bolha da Internet.[4] Se o importante era ser o **primeiro** a conectar-se à Internet, então o que era importante para os negócios? O essencial era ser um dos primeiros adeptos da Internet. Dessa forma, as empresas ingressaram logo em novos mercados e investidores aplicaram bilhões de dólares em novas ideias.

E quanto aos lucros? Quem se importava com isso? A alta gerência estava convencida de que o que contava naquele momento era a vantagem de ser um dos primeiros adeptos da Internet. Buscava-se a maior fatia de mercado, a qualquer custo, sem pensar nos lucros. Mas, depois, as leis da gravidade superaram a lei de Metcalfe e a bolha explodiu. Bilhões investidos no mercado de capitalização foram perdidos. Metcalfe, como era esperado, não estava arrependido. Alguns anos atrás, ele disse, sorrindo: "Pode até dizer que Al Gore e eu não inventamos a Internet. Mas nós inventamos a **bolha da Internet**."[5]

A vingança de Metcalfe

Este poderia ser o fim desta história. Mas agora a Internet está viva novamente. As queridinhas da Internet não são mais a Webvan ou a Pets.com, mas, sim, o Facebook e outras redes sociais. Desta vez, o formato da Internet é outro. Naquela época, ele era orientado por *sites* individuais, como o notável Amazon.com, o eBay e o Yahoo! Junto com a era de redes sociais, surgiu a era de **redes de redes**. São *sites*, mantidos por indivíduos, que têm conexão a outros *sites*. Assim como o modelo de rede neural original de meu mentor, Jim Anderson, as redes sociais quebram a *Web* em subgrupos de pessoas participantes e *sites*. Mas, no caso das redes sociais, os empreendedores trocavam neurônios e *memes* por pessoas. Veja a aparência dessas pessoas, conectadas em redes sociais, na Figura 8.2.

Agora que a lei de Metcalfe está circulando livremente, ela ainda é válida? Ela terá exuberância irracional na rede social quando a bolha da Internet atingir seu ápice? Ela terá as mesmas consequências extremas?

FIGURA 8.2

As pessoas em uma rede social

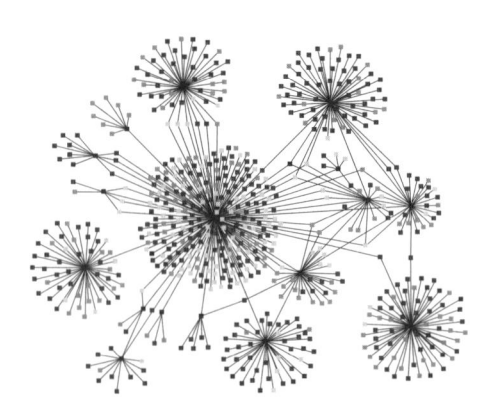

Fonte: Adaptado de http://prblog.typepad.com/strategic_public_relation/images/2007/06/22/simple_social_network.png.

A lei do equilíbrio

A meu ver, a lei de Metcalfe, apesar de não estar errada, é **incompleta**. A lei de Metcalfe se refere apenas ao estágio inicial do crescimento de uma rede, quando o maior é sempre melhor, muitas vezes de maneira expressiva.[6] A lei é mantida no momento em situações como a computação e a Internet, mas ela será derrubada à medida que as redes se firmarem. Também acabará sendo derrubada na Internet à medida que a Internet se firmar.

O fato é que nem sempre as redes maiores são as melhores. Na fase de crescimento, as redes adquirem mais valor, de forma expressiva, pois estão se desenvolvendo. Isso de fato ocorre. Mas, no final, elas atingem um estado de massa crítica e depois buscam o equilíbrio (ou implodem e as empresas deixam de existir). É no ponto de equilíbrio que uma rede atinge sua potência máxima.

Para explicar isso, conto novamente com o cérebro: quando somos concebidos, o cérebro começa uma corrida de nove meses para produzir neurônios, em um ritmo que corresponde a cerca de 250.000 neurônios por minuto.[7] Dizem que, se o restante das células do nosso corpo crescessem em um ritmo semelhante, teríamos cerca de **três metros** de altura e pesaríamos **113kg** ao nascermos (desculpe, mãe!).

O cérebro continua a crescer após o nascimento do indivíduo, mas, passados os três primeiros meses, ocorre algo extraordinário: o **cérebro atinge o seu limite**. Seu ritmo de crescimento diminui. **Por quê?** Porque o crânio não é grande o suficiente para acomodar um cérebro que continue a crescer de forma expressiva. Talvez a natureza tenha percebido que, se não pudéssemos sustentar nossas cabeças sobre o corpo, de nada adiantaria a nossa inteligência pois não chegaríamos muito longe. De qualquer modo, o cérebro, que pesa em torno de trezentas gramas quando nascemos (10% do peso do nosso corpo), alcança seu tamanho máximo de 1,4kg (menos de 2% do peso do corpo) quando chegamos à adolescência.[8]

Depois, ocorre algo ainda mais estranho. Assim que entramos na faixa dos 20 anos de idade, quando seria esperado que o cérebro realmente estivesse a todo vapor, ele faz uma espécie de compensação - um processo de buscar o estado ideal de equilíbrio. Quando chegamos aos 20 anos de idade, o crescimento do cérebro passa por um processo inverso. Desde então até o fim de nossas vidas, **perdemos cerca de um grama do peso do cérebro por ano!**[9]

E acabamos com uns 100 trilhões de conexões neurais, comparados aos 10 quadrilhões de uma criança de três anos de idade![10]

Podemos dizer, então, que os adultos são mais inteligentes do que crianças de três anos de idade? Felizmente, **sim**, pois as conexões restantes entre os neurônios ficam mais fortes e padrões de neurônios se formam. E tudo isso gera... **sabedoria!** Deixemos as crianças com seus quadrilhões de neurônios que as habilitam a aprender de maneira **"rápida e frugal"**. Cabe aos adultos a elegância evolucionária do cérebro maduro.

Se aplicarmos a lei de Metcalfe ao cérebro, veremos que ela se aplica aos neurônios até o nascimento (as conexões entre os neurônios continuam a crescer de forma expressiva até o indivíduo atingir três anos de idade). Depois disso, uma lei diferente se aplica ao cérebro – **a lei do equilíbrio**. No cérebro, isso significa um período de crescimento mais lento e, por fim, um processo de declínio.

Mas, quando o cérebro para de crescer e atinge um ponto de equilíbrio, ele adquire **inteligência**. Por exemplo, meu filho está com três anos de idade e me surpreende com a quantidade de coisas que já sabe. Mas isso ocorre porque ele não tem filtros. Ele se lembra de todo tipo de coisa. Logo, ele estará perguntando o **"por quê"** das coisas. Mas esta fase (felizmente) passa logo. Seu desenvolvimento neural de fato irá diminuir. Quando ele se tornar um adolescente inteligente (algo ainda imprevisível), ele já terá parado de perguntar o por quê de tudo e começará a pensar mais por si mesmo.

O interessante é que este processo pode ser encontrado em outras redes, tão variadas quanto as das abelhas, dos cupins e das formigas. As formigas, por exemplo, formam grandes colônias que se fortalecem à medida que crescem (fato não surpreendente). As colônias maiores desempenham melhor tarefas como buscar comida, proteger a rainha e comunicar-se. Algumas colônias chegam a apresentar um milhão de formigas.[11]

Isso mesmo. A lei de Metcalfe se aplica às formigas... até certo ponto. Quando essas colônias atingem a massa crítica, elas param de crescer. A massa crítica é determinada por diversos fatores, tais como: quantidade de comida disponível, terreno a ser vasculhado em busca de comida e quantidade de colônias concorrentes por perto. À medida que esses fatores mudam, as colônias se desenvolvem. Existe, portanto, uma constante flutuação, em que novos membros se juntam ao grupo e outros morrem, criando, assim, um **estado natural de equilíbrio**. Esse ciclo está presente não apenas nas formigas, mas também em cupins, abelhas, vespas e praticamente todos os animais sociais.[12]

Tudo indica que as mesmas regras se aplicam a conceitos humanos. Qualquer pessoa que dirija em cidades como Londres, Los Angeles ou Atlanta deve se perguntar por que o tráfego é tão pesado. A resposta é a seguinte: as estradas são redes e isso significa que nem sempre o maior é melhor. A antiga crença de que "basta criar outra faixa na estrada" não funciona aqui. Vejamos o comentário de um jornalista ao se referir a um artigo recém-publicado na renomada revista *Nature*: "Um ensaio recente estabelece um paradoxo interessante sobre o fluxo de tráfego de veículos: adicionar um novo segmento de estrada a uma rede de estradas existente pode, em determinadas circunstâncias, reduzir a capacidade da rede como um todo de suportar a movimentação de carros... Parece que as propriedades exibidas coletivamente por um grande número de carros em movimento em uma rede de estradas têm muitos aspectos matemáticos em comum com o comportamento de outras coisas que fluem nas redes, tais como dados transmitidos por linhas telefônicas e pela Internet."[13]

No livro *Emergência*, Steven Johnson alega que a cidade moderna é suspeitosamente semelhante ao cérebro quanto ao comportamento da sua rede.[14] Muitos dos *insights* de Johnson derivam da crítica de planejamento urbano Jane Jacobs, que insistia com os planejadores de cidades da década de 1960 sobre a necessidade de criar núcleos urbanos densos, destacando que, se fizessem isso, as cidades se desenvolveriam com maior vigor.[15] Essa era a lei de Metcalfe, já na década de 1960. O colunista Lewis Mumford, da revista *The New Yorker*, entretanto, lembrou Jacobs de que, se o crescimento das cidades fosse muito denso, elas poderiam chegar a um ponto de retornos menores: "Jacobs se esquece de que, nos organismos, não existe um crescimento de tecido tão 'vital' e 'dinâmico' quanto o do câncer... A autora se esqueceu da característica mais essencial de todo o crescimento orgânico – para manter a diversidade e o equilíbrio, o organismo não pode exceder a norma de sua espécie. Qualquer associação ecológica acaba atingindo o 'ponto de clímax', após o qual o **crescimento sem deterioração** não é possível."[16]*

---

* Nota da tradutora: tradução livre.

Em outras palavras, este princípio existe em todas as redes: em cidades, nas estradas, nas formigas, nas abelhas e igualmente no cérebro.

As leis do *networking*

O que isso significa para a Internet? Sou defensor da teoria de que a lei de Metcalfe funciona até certo ponto, quando uma rede atinge o ponto de massa crítica. Mas nesse ponto, quando o custo excede o valor, a curva de valor para de crescer. A curva de valor quase que inevitavelmente acompanha a curva de custo a partir desse ponto[17] (Um comentário à parte: a curva de custo não é mais considerada linear, pois há uma economia de escala significativa envolvida em redes maiores; portanto, acompanhar a curva de custo não implica necessariamente uma inclinação linear). Quando esse ponto de inflexão é alcançado, a rede precisa encontrar equilíbrio; caso contrário, ela implodirá. Em alguns casos, como o das formigas e das cidades, o equilíbrio regula o sistema até um ponto de massa crítica; em outros, como o do cérebro, o crescimento é seguido de um período de queda.

Portanto, as redes têm basicamente três estágios. Em cada um, diferentes regras se aplicam.

1º) **O *Big Bang*** – A Internet, as colônias de formigas e o cérebro têm períodos de rápida expansão. Vamos chamá-los de períodos de *Big Bang*. Nessa fase, a lei de Metcalfe se aplica. Essa é a melhor fase para deixar a rede crescer livremente. Qualquer tentativa de podar a rede ou deter seu crescimento é arriscada nesse momento porque você não sabe ao certo o que deve ser podado. O cérebro não faz isso. Da mesma forma, nenhuma outra rede deve fazê-lo porque corre-se o risco de eliminar o membro errado.

2º) **O colapso** – Como não é possível podar a rede na sua fase de crescimento, uma rede acaba ficando grande demais. Nesse ponto, podem ocorrer duas coisas. Ela implodirá (com o tempo, o cérebro perde metade de seus neurônios e bem mais da metade de suas conexões) ou rapidamente apresentará um crescimento mais lento (como ocorre nas colônias de formigas).[18] Quando perceber que a rede está mais lenta, deixe que ela fique mais lenta. Você pode até mesmo começar a eliminar os *links* e nós mais fracos (o cérebro naturalmente faz isso usando algo denominado **suicídio celular**). Seja qual for a rede, quando ela entra neste estágio, você deve permitir que ela estabilize, e não forçar a continuidade do crescimento.

3º) **O equilíbrio** – Neste estágio, as redes atingem o ponto de equilíbrio, em que seu tamanho oscila um pouco. É nesta fase que as redes apresentam o melhor desempenho. Isso não significa que uma rede terá o mesmo destino de uma empresa que fica mais lenta com o tempo, pois, quando uma rede desacelera, outros aspectos são agilizados, como, por exemplo, a **comunicação**, a **inteligência** e a **consciência**. No caso do cérebro, isso acontece quando ele atinge por volta de 100 bilhões de neurônios e 100 trilhões de conexões. Não sabemos ao certo quando isso ocorrerá na Internet e em seus *sites*. **Mas esse dia chegará mais cedo ou mais tarde!**

O que nos levaria a acreditar que a Internet passará pelo seu *Big Bang* e, possivelmente, acabará ruindo? Isso ainda não aconteceu e a lei de Metcalfe prevê que não acontecerá. Mas, afinal, que importância tem isso? Que benefício terá um indivíduo que esteja em pleno processo de construção de um *site* ou de uma empresa na Internet ao saber que sua criação está fadada à destruição?

Não tenho como mostrar provas de algo que ainda não aconteceu. Entretanto, no Capítulo 9, apresento exemplos de redes que seguem este padrão repetidamente na Internet. Este processo é um fenômeno natural: faz parte da própria evolução, reproduzida na biologia do cérebro. Por conseguinte, quando ele ocorre em ambientes artificiais, como a *Web*, o melhor a fazer é não interferir no seu curso natural e **aceitá-lo**.

CAPÍTULO 9

As redes sociais

RICHARD ROSENBLATT E EU temos muito em comum. Temos a mesma idade, somos empreendedores, e ambos comandamos empresas de capital aberto e fechado. Também compartilhamos o tipo de **eterno otimismo** que incomoda tanta gente. Um traço que diferencia Rosenblatt de mim é que ele era presidente do MySpace, uma das empresas de maior notoriedade no mundo das redes sociais.

Rosenblatt enfrentou problemas com o DrKoop.com e o iMALL, conseguindo vender o segundo com uma boa margem de lucro para o Excite.[1] Em seguida, ele comandou o eUniverse, uma empresa que parecia ter um futuro brilhante até ser abalada por uma má administração e ser retirada da listagem da bolsa de valores NASDAQ. Foi então que Rosenblatt começou uma nova atividade com entusiasmo.[2]

Rosenblatt **não busca problemas** nas empresas; ele busca **oportunidades**. Ao assumir o eUniverse, ele trocou o nome para Intermix, conseguiu recolocar a empresa na listagem NASDAQ e buscou ativos da empresa a serem explorados. Um deles foi o *site* pouco conhecido na época, chamado MySpace.

O MySpace foi criado por dois funcionários da Intermix que acompanharam o tremendo sucesso do Friendster e do Classmates.com.[3] Sob o comando de Rosenblatt, em apenas alguns meses o MySpace passou a ter mais de dois milhões de membros.⁴ Mas, apesar de tamanho sucesso, o MySpace continuava em terceiro lugar em tamanho, ficando atrás do Classmates.com e do Friendster.

Vida longa ao MySpace

Como o MySpace derrotou o Classmates.com e o Friendster, dominando o mundo das redes sociais? Como trabalhava no United Online quando compramos o Classmates, este será meu ponto de partida. Contarei como tudo aconteceu sob minha perspectiva.

O Classmates.com foi fundado por Randy Conrads, em 1995. Você acertou se pensou que a intenção era reunir ex-colegas de turma do ensino médio. O *site* era gratuito e fazia um enorme sucesso, aumentando o tráfego na rede. Mas, como tantas outras empresas na Internet, havia pouco investimento em propaganda para manter o negócio. Assim, os fundadores alteraram o modelo do negócio e começaram a cobrar pelo acesso a determinadas partes da rede. Isso tornou o Classmates.com **rentável** em 2001, mas também **vulnerável** a redes sociais gratuitas.

Quando o United Online superou o Classmates.com, em 2001, ele tinha 1,4 milhão de membros pagadores e quase 38 milhões de usuários registrados. Foi então que a equipe tomou a decisão de se concentrar nos lucros, em detrimento do primeiro estágio das redes, o *Big Bang* de Metcalfe – isto é, fazer uma rede crescer sem oneração. Ao focar os lucros e não o crescimento da rede, o United Online permitiu que o Friendster e o MySpace passassem à frente do Classmates em tamanho. Mesmo assim, o Classmates até hoje é uma das redes mais lucrativas.⁵

O MySpace derrotou o *site* Friendster por outro motivo. Fundado em 2002 por Jonathan Abrams, o Friendster era a rede social dominante em 2003. Embora o Classmates.com fosse largamente considerado como a primeira rede social, muitos creditavam o Friendster pelo lançamento do *Web 2.0* e aclamavam Abrams como um prodígio da Internet. A revista *Time* apontou o Friendster como uma das melhores invenções de 2003, e a *Entertainment Weekly* descreveu Abrams como **"o homem mais amigável do ano."** ⁶

As atenções se voltavam para o Friendster na mídia e seu crescimento era expressivo. A empresa designou nada menos que Tim Koogle, ex-CEO do Yahoo!, para assumir o reinado como CEO. Assim como ocorre na maioria das redes em desenvolvimento, o crescimento foi semelhante ao desenvolvimento neural de um cérebro nos primeiros estágios, ou seja, rápido e impetuoso. Estávamos diante de uma empresa pronta para o sucesso.

Mas o crescimento foi tamanho e tão acelerado que isso quase levou a uma paralisia na tecnologia da empresa. Para se ter uma ideia, o tempo de carregamento costumava passar de um minuto por página.[7] Mas não foi isso que provocou a ruína do Friendster, e nem o grande sucesso do MySpace, como muitos supõem.

Além dos problemas técnicos enfrentados pelo Friendster, ele foi atingido por um fenômeno chamado *fakesters*. Eram perfis falsos definidos por charlatões. Um *hacker* fingia ser Bill Gates; outro, Bill Clinton. Outros nomes também faziam parte da lista, como Jesus, Elvis e R2D2. Apesar de esses *fakesters* não passarem de falsários, seus *sites* eram muito acessados.[8] Mas Abrams, o fundador jovem e severo, queria ver os *fakesters* "... longe dali. Todos eles."[9]

Entretanto, a remoção dos *fakesters* significou a eliminação de milhares de conexões dentro da rede, deixando abandonados diversos outros perfis legítimos que estavam vinculados a ele. Se Abrams estivesse mais familiarizado com a neurociência, provavelmente teria percebido que o Friendster estava matando seus neurônios mais conhecidos. Mas ele não tinha. E os fundadores do MySpace aproveitaram para entrar em ação.

Reconhecendo que o Friendster estava tomando um rumo errado, o MySpace resolveu abraçar os *fakesters*.[10] Até onde conseguia enxergar, os usuários podiam perfeitamente ser amigos dos vizinhos, fossem eles Barack Obama ou mesmo Ronald McDonald. Meses após essa decisão, o número de usuários do MySpace já era superior ao do Friendster. Passado um ano, o MySpace tinha vinte e dois milhões de usuários, enquanto o Friendster tinha um milhão.[11] Atualmente, o MySpace tem mais de cem milhões de usuários (quantidade pequena apenas se comparada à população dos EUA, que já ultrapassou trezentos milhões).[12] O MySpace é mais visitado do que o Google e os novos usuários que se associam a ele todo dia superam as populações de Green Bay e Kansas City juntas.[13]

Será que o MySpace implodirá?

Seguindo as leis da rede, o MySpace se tornou um fenômeno e acabou sendo vendido para a News Corp, de Rupert Murdoch, em julho de 2005, por quase US$ 600 milhões.[14] Menos de um ano depois, o Google desfez um acordo de propaganda com o MySpace no suposto valor de US$ 900 milhões.[15] Em 2006, Murdoch disse que o MySpace valia mais de US$ 6 bilhões.[16] E o MySpace continua a crescer, acompanhando a curva da lei de Metcalfe.

Agora, contudo, o MySpace dá sinais de que está excedendo o ponto de inflexão das redes. Sem falar no problema amplamente divulgado da pornografia infantil, as questões de segurança têm se agravado, algo que piorou em 2008, quando mais de meio milhão de imagens de usuários foram baixadas para outro *site*.[17] Como qualquer um pode construir e criar uma página no MySpace, falta consistência e torna-se mais difícil fazer buscas. E, embora o MySpace continue a crescer, no início de 2008, ele percebeu que sua taxa de crescimento em termos de usuários começou a cair.[18]

Entretanto, ironicamente, o principal problema é que o MySpace cresce sem parar. O MySpace é um forte candidato a ultrapassar o ponto de inflexão de uma rede. Isso está gerando todo tipo de problema para usuários, o que deve resultar em uma retração, mas a equipe do MySpace está lutando para evitar isso. **A meu ver, o MySpace deve parar de crescer agora, antes que imploda**. É claro que o MySpace trava uma batalha com um novo concorrente e, na Internet, seja isso positivo ou negativo, a percepção é de que o tamanho faz diferença.

É visível que o MySpace está buscando o aumento do uso, do tráfego e de usuários registrados. Porém, essa prática está causando problemas que frustrarão usuários e acabarão destruindo a rede. O maior problema é que a rede está ficando insustentável e artificial. Quando você se associa a uma rede como o MySpace, espera se conectar com pessoas conhecidas, se reconectar com pessoas com quem perdeu o contato e fazer novos contatos. A comunidade cresce e prospera com base nesses três pressupostos. Mas, quando uma rede cresce demais, sua capacidade de conexão a outras pessoas se torna insustentável. Se você buscar John Smith no MySpace, receberá quinhentas páginas de nomes (mais ou menos cinco mil pessoas), mas só porque o MySpace limitou o número máximo de páginas por busca a quinhentos. Tomara que você não seja o quinto milésimo primeiro (5001) John e que não esteja tentando achar alguém chamado John Smith.[19]

Usuários são bombardeados a todo instante com pedidos de amizade de desconhecidos. Ocasionalmente, isso não faz mal a ninguém. Quem não fica satisfeito em saber que alguém quer ser seu amigo? Mas imagine receber esse tipo de solicitação inúmeras vezes por mês, por semana, por dia e até mesmo por hora. O valor de uma rede não aumenta de tamanho quando o tamanho da rede torna impossível a agregação de valor a partir dela.

Para piorar, em função da quantidade de pessoas que circulam no MySpace (e a falta de restrições), é fácil alguém encontrar você aleatoriamente. Predadores, em especial, entram no *site* em busca de dinheiro, crédito, ações fraudulentas no computador ou sexo. A nação norte-americana sentiu os efeitos aterrorizantes disso quando o programa de TV *Dateline NBC* levou ao ar um segmento recorrente sobre pornografia infantil chamado *To Catch a Predator* (*Caça ao Predador*, em tradução literal), que apresentava molestadores de crianças usando o MySpace e outros *sites* para encontrar crianças, sem levantar suspeitas. O perigo é tamanho no MySpace que quarenta e nove procuradores-gerais norte-americanos se reuniram em 2008 para redigir as diretrizes da legislação referente às redes sociais.[20]

Tenho as minhas suspeitas do que está ocorrendo no MySpace (digo "suspeitas" pois sabemos que as fontes independentes de dados de usuários não são confiáveis). O número de usuários registrados continua a crescer, mas o número de usuários ativos tende a estacionar. Isso ocorre porque a curiosidade leva novos usuários a experimentar a rede, mas muitos ficam tão assoberbados com a quantidade de informações que não percebem sua utilidade. Esses novos usuários, junto com os numerosos grupos de usuários existentes que acompanharam uma queda no valor em função da entrada dos novos usuários, provavelmente acabarão se tornando inativos.

Como **ex-usuário do MySpace**, posso atestar essa redução no valor em função do tamanho da rede. É evidente que os usuários mais frequentes e aqueles que já estabeleceram uma forte relação no MySpace continuarão bem ativos, mas não irão necessariamente adquirir valor em função do maior tamanho da rede – um sinal claro de que a lei de Metcalfe não é mais relevante.

Os executivos do MySpace provavelmente enfrentarão problemas com uma rede que atingiu seu ponto de equilíbrio. Eles precisam se livrar dos usuários de baixo impacto, inativos e irrelevantes, assim como o cérebro elimina os neurônios menos viáveis através de um processo chamado, com propriedade, de suicídio celular. Está na hora de eliminar o **supérfluo**.

O MySpace também deve limitar a capacidade de os usuários se conectarem a outros em uma tentativa de coincidir o crescimento da rede com a curva de valor. Esta abordagem é diferente do corte artificial da rede, pois existe uma preocupação ideológica (como ocorreu com o Friendster). Isso é uma adequação genética, semelhante ao suicídio celular. Mas, em vez disso, os líderes da empresa estão colocando mais lenha na fogueira.

A rede de redes do Facebook

Acima de tudo, a equipe do MySpace deve ficar atenta ao Facebook, que está (relativamente) há pouco tempo na rede. Na realidade, suspeito que, quando este livro for publicado, o Facebook já será a maior rede social da Internet, superando o MySpace em número de usuários e acessos à página na *Web*.[21]

Assim como a Microsoft, o Facebook começou por iniciativa de um ex-aluno de Harvard. O fundador, Mark Zuckerberg, desejava se conectar com todos os seus colegas de Harvard. Assim, em fevereiro de 2004, ele lançou o Facebook.[22] O *site* era um híbrido de Classmates.com e MySpace, com a diferença de que o Facebook se destinava apenas a alunos de Harvard. Essa limitação sozinha foi responsável por seu grande sucesso: enquanto o crescimento do MySpace fugia ao controle, o Facebook tinha 1.200 alunos de Harvard registrados. No final do primeiro mês, mais da metade do corpo discente de Harvard estava *on-line*.[23]

Foi então que Zuckerberg decidiu se arriscar. Ele deixou Harvard, se mudou para o vale do Silício e conseguiu financiamento em forma de capital de risco com o Founder's Fund, o mesmo grupo que criou o PayPal de eBay e o Napster.[24] Começando por Harvard, o Facebook foi aumentando sua rede de forma criteriosa, adicionando escolas da Ivy League (um grupo das mais renomadas universidades dos EUA) e, depois, ampliando para todas as faculdades e universidades. Em seguida, passou a incluir todas as instituições de ensino. Finalmente, o Facebook abriu o acesso a pessoas do mundo inteiro, isso em setembro de 2006.

Na época, o Yahoo! supostamente ofereceu ao jovem Zuckerberg, então com 22 anos de idade, em torno de US$ 1 bilhão pela empresa.[25] Muitos acharam que Zuckerberg estava louco, mas ele recusou a proposta do Yahoo!. Foi aí que a Microsoft entrou em cena, quando o Facebook atingiu o marco de 30 milhões de usuários e uma taxa de crescimento que superou todos os *sites* da

Web, com exceção do MySpace.[26] Em 2007, a Microsoft comprou menos de 2% da empresa que completava apenas 2 anos de existência, pelo suposto valor de US$ 240 milhões (para aqueles com dificuldade em matemática, isso significa que o Facebook valia aproximadamente US$ 15 bilhões). [27] Zuckerberg não estava louco (não estou tão certo quanto à Microsoft).

A meu ver, o interessante sobre o Facebook é sua semelhança com a rede de redes de Jim Anderson. Zuckerberg, como a maioria dos empreendedores, se deparou com um modelo da mente através da tentativa e erro, e não da tentativa de compreender o cérebro. Lembre-se de que Anderson percebeu que o cérebro não é tão homogêneo quanto acreditavam os pesquisadores. Além disso, o número de conexões neurais não é muito elevado. O neurônio tem, em média, cerca de 10.000 conexões com outros neurônios no cérebro. Mas o total de conexões em potencial é em torno de 10^{10} (100.000.000.000). Em outras palavras, a conectividade real é de apenas 0,0001% do que poderia ser.[28]

Mas o modelo de Jim Anderson supõe que a atividade neural não é distribuída uniformemente. A rede do cérebro é construída em grupos *(clusters)* de neurônios, cada um bem conectado dentro de si mesmo. Esses grupos se conectam a outros grupos e, no final, formam uma rede composta de várias sub-redes – uma **rede de redes**. A beleza deste modelo (a Figura 9.1 representa o modelo apresentado na Figura I.3), é que o cérebro permite que a rede geral cresça e, ao mesmo tempo, mantenha o equilíbrio dentro de suas sub-redes.

FIGURA 9.1

Arquitetura modular da rede de redes

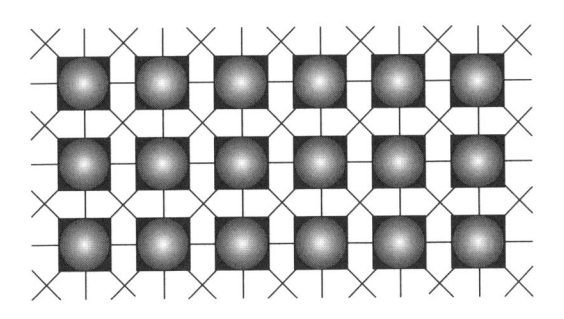

Fonte: Cortesia de James Anderson.

Muitas coisas se desenvolveram da mesma forma. Pense, por exemplo, na infraestrutura de uma estrada. Dentro das cidades, há muitas ruas e elas estão bem interconectadas. Mas existe um número bem menor de ruas que atravessam as cidades ou que têm longas distâncias. O que existe é uma rede de redes que cria (ou habilita) o aumento da densidade demográfica e melhora o fluxo do tráfego dentro da rede geral (ver Figura 9.2).

O mesmo modelo se aplica à Internet. O *hardware* da Internet – os computadores – é conectado através de fibras ópticas e cabos. Essas conexões não são distribuídas de maneira uniforme. Em vez disso, pequenos grupos de computadores são "fortemente" conectados entre si (por exemplo, os computadores da rede interna de um escritório), e estes grupos são conectados livremente através da Internet a outros grupos (ver Figura 9.3).

O mesmo vale para os *sites* da Web. Pesquisadores analisaram conexões entre *sites* e descobriram que elas tendem a criar grupos de *sites* bem conectados entre si que, por sua vez, estão conectados livremente a outros grupos de *sites* intimamente conectados.

FIGURA 9.2

Uma rede de redes que cria o aumento da densidade demográfica e melhora o fluxo do tráfego

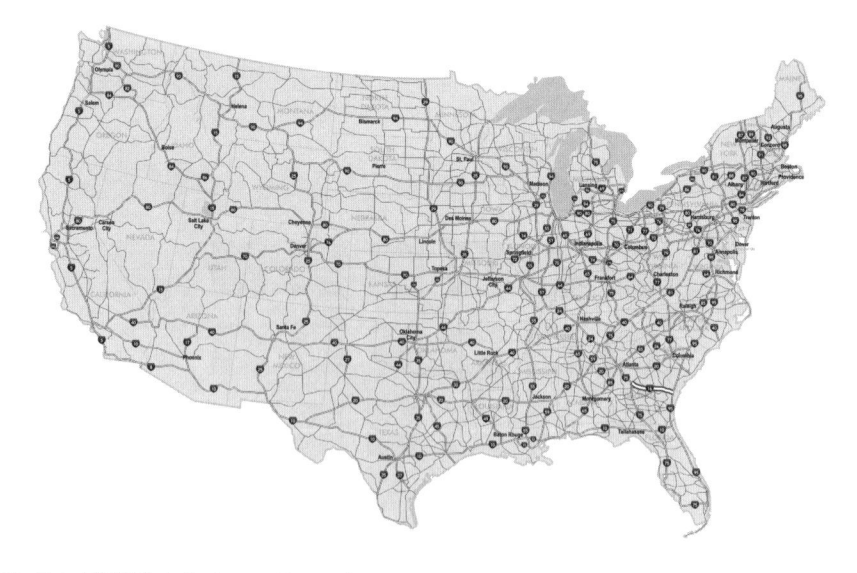

Fonte: *Copyright* 2008 Jupiter Images Corporation.

Compare as Figuras 9.1, 9.2 e 9.3: **é impressionante a sua semelhança!!!**

FIGURA 9.3

Grupos de computadores conectados a outros grupos na Internet

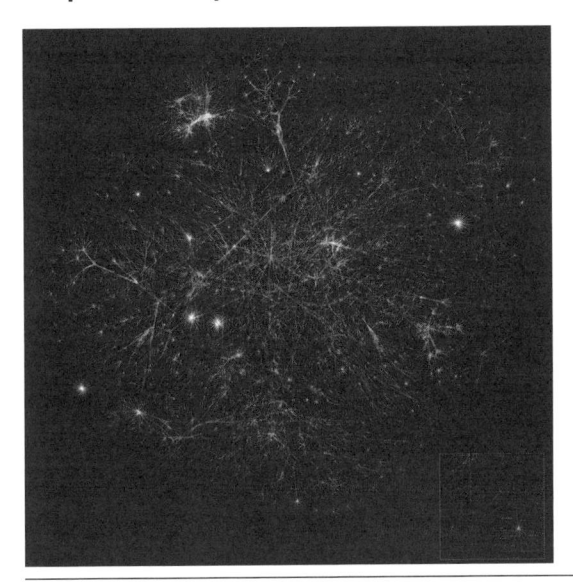

Então, a genialidade do Facebook reside na sua abordagem **rede de redes**. À medida que o Facebook evolui, ele continua a criar pontos internos de equilíbrio dentro de sub-redes, que ele chama de "grupos" ou (naturalmente) "redes". A empresa faz a seguinte observação: "O Facebook é constituído de várias redes, cada uma baseada em torno de um local de trabalho, região, instituição de ensino médio ou faculdade."[29] Cada uma dessas redes está bem conectada, ou seja, cada uma tem vários usuários com fortes conexões uns aos outros. Entretanto, nessas redes, as relações do usuário são mais esparsas (assim como os neurônios do cérebro se vinculam principalmente aos neurônios dentro das suas sub-redes). Para o Facebook, esta disposição começou de forma controlada – primeiro com Harvard, depois com outras instituições de ensino superior e, finalmente, com corporações. Mas, à medida que o Facebook se abria para o mundo, estes grupos continuaram a proliferar, pois o Facebook incentivou usuários a assinarem sub-redes (ver Figura 9.4).

A maior vantagem da abordagem rede de redes é a competência oferecida ao Facebook para continuar a ampliar a rede geral e, ao mesmo tempo, manter os equilíbrios dentro das sub-redes. Existem também outras vantagens. Um dos problemas do MySpace, como você deve se lembrar, era a aleatoriedade das conexões; qualquer um podia se conectar a qualquer outra pessoa, até mesmo pedófilos a crianças. A abordagem rede de redes ajuda a resolver este problema. O Facebook potencializa e controla as associações existentes para poder controlar o risco de associações fora da rede.

FIGURA 9-4

Grupos de *sites* na *Web* são conectados a outros grupos de *sites*

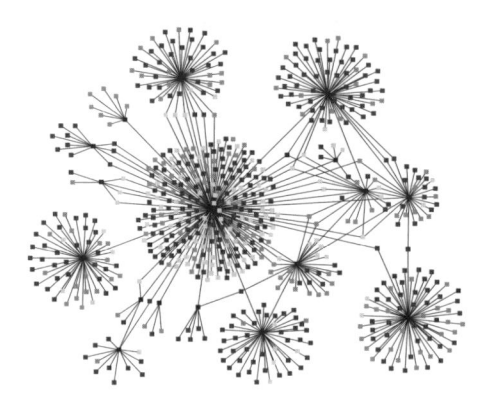

Fonte: adaptado de http://prblog.typepad.com/strategic_public_relation/images/2007/06/22/simple_social_network.png.

Um dos principais *sites* de notícias sobre redes sociais *on-line* descreveu isso da seguinte forma: "Uma diferença essencial no Facebook é que os amigos adicionados em geral são seus amigos de verdade. Não é uma competição como no MySpace, em que todos tentam ter o máximo número de amigos. No Facebook, as pessoas buscam conversar com pessoas conhecidas e compartilhar coisas com elas... Os dois *sites* têm grupos, mas o Facebook dá mais projeção a eles."[30] No Facebook, você se concentra nos seus amigos dentro de suas redes, e não na rede social como um todo.

Mas o Facebook não está imune ao cabo de guerra da economia da Internet. Apesar da proteção da abordagem rede de redes, a expansão fora da rede não para. Na última contagem, o número de usuários passava de 100 milhões. Portanto, os perigos que afetavam o MySpace afetam igualmente o Facebook.[31] Na verdade, o Facebook agora tem seu próprio **diretor de privacidade**.[32] Ele também firmou um pacto com procuradores gerais em vários Estados dos EUA para implementar recursos visando combater predadores, *stalkers* e *scammers*.[33] Apesar do grande crescimento do Facebook, quase se equiparando ao do MySpace, o problema de solicitações indesejadas não é tão grave.*

No final do 2º semestre de 2011, o Facebook alcançou cerca de 750 milhões de usuários em todo mundo e a situação do MySpace era desesperadora.

O problema real é identificar se o Facebook consegue sustentar a abordagem rede de redes. Lembre-se de que o cérebro como um todo no final alcança um **período de equilíbrio**. Depois disso, ocorre uma implosão em massa. Em uma edição recente da revista *The Economist*, o "sociólogo interno" do Facebook, Cameron Marlow, confirmou que o usuário tem, em média, cerca de 120 amigos, dos quais apenas 7 a 10 são amigos próximos.[34] Podemos fazer uma analogia a dois fenômenos do cérebro: primeiro, o número Dunbar, um limite em torno de 150 na capacidade do cérebro para relacionamentos; segundo, o número mágico 7 (com desvio de dois para mais ou para menos), de Miller, que, conforme discutimos antes, é a capacidade de memória de curto prazo.[35] **Então, o que o Facebook terá pela frente?** Basta observar o cérebro que a resposta é clara.

A Internet vai implodir?

Acompanhamos a queda de diversos *sites* por terem crescido demais. Todas as redes, até mesmo a Internet, em algum momento vão parar de crescer. Mas há uma dúvida ainda maior: **será que a Internet inteira vai implodir?** Novamente, faço referência a Bob Metcalfe (Bob, peço desculpas por usá-lo novamente como um argumento).

Em 1995, Metcalfe fez uma previsão audaciosa: "Prevejo que a Internet... logo brilhará como uma supernova e, em 1996, irá dissolver-se de forma catastrófica."[36] E isso partiu logo de Metcalfe, entre tantas outras pessoas – um dos primeiros inventores da infraestrutura da Internet, o CEO da 3Com e xará da

---

* Nota da tradutora: Um *stalker* é uma pessoa obcecada, que acompanha todos os movimentos de outra pessoa, pelo Facebook ou outro local. (adaptado de http://www.urbandictionary.com/define.php?term=stalker). Um *scam* pode ser um *e-mail*, uma página falsa ou qualquer outra forma de contato que o *scammer* possa ter com a vítima pelo meio digital, solicitando informações pessoais, tais como número de documentos, contas bancárias e senhas (adaptado de http://www.dicionarioinformal.com.br/buscar.php?palavra=scammer).

lei das redes: "**Quanto maior, melhor.**" Por que Metcalfe estava dizendo que a Internet, uma das maiores redes existentes sobre a Terra, implodiria?

Tudo indica que, nos primórdios da *World Wide Web*, havia questões iminentes. Metcalfe fez sua previsão com base em quatro problemas fundamentais, todos associados ao crescimento expressivo da Internet. Primeiro, durante os horários de pico, a Internet estava regularmente perdendo 10% de seus dados e comunicações.[37] Imagine tentar ouvir alguém que, de cada dez palavras, uma sumia. O segundo e o terceiro problemas estavam no *hardware* e no *software*, respectivamente. Como a Internet ainda era novata, Metcalfe alegou que sistemas falhos tinham grande probabilidade de causar problemas em massa. Finalmente, ele ficou preocupado com o terrorismo global, do tipo que surge sob a forma de vírus.[38]

E havia sinais de que a Internet já enfrentava sua cota de problemas. O mais preocupante é que os surtos globais eram crescentes. Veja o caso da AOL (America Online), que na época era o maior provedor de serviços pela Internet. Em 1994, a AOL admitia abertamente que não conseguia lidar com a carga ou a demanda da Internet. Ela começou a limitar o número de usuários *on-line* nas horas de pico, quase implorando aos clientes que procurassem os concorrentes.[39] Os problemas culminaram em agosto de 1996 com o surto em massa que afetou seis milhões de usuários do AOL.[40] Em 1997, o AOL foi forçado a reembolsar milhões de dólares para usuários que processaram a empresa por causa dos problemas.[41]

Em outro incidente ainda mais alarmante naquele mesmo ano, um banco de dados corrompido deixou a *World Wide Web* praticamente inoperante: O sistema de *e-mail* foi interrompido e só era possível acessar nomes de domínios através da alternativa numérica. [42] Imagine precisar digitar "69.147.76.15" para acessar o Yahoo!

A Internet está morta; vida longa à Internet

Como bem sabemos, a Internet não teve um fim catastrófico e Metcalfe precisou engolir suas palavras. Parece que a Internet era bem mais **resiliente** do que muitos pensavam. O mais importante é que a Internet ficou mais forte e mais ubíqua a cada falha. **O que não matou a Internet acabou fortalecendo-a!**

Mas Metcalfe não estava totalmente equivocado (ele raramente está); ele apenas errou no escopo, tempo e relevância do colapso. A Internet de fato tem seus problemas. Os gargalhos na rede, as lacunas, as falhas (*bugs*) de *software*, os vírus, os problemas técnicos de computador e muitas outras considerações provocaram um tempo de inatividade maior, o que levou muitos observadores a acreditarem que a Internet um dia implodirá. Esse temor levou o governo norte-americano a anunciar, em 2008, um plano para reduzir as conexões externas (ou portas) da Internet de mais de quatro mil para menos de cem, em uma tentativa de reprimir a ameaça cibernética à segurança nacional, que o secretário do departamento de Segurança Interna Michael Chertoff denominou o **"projeto Manhattan"** da Internet.[43]

Apesar de todos esses problemas, inclusive os vírus, nenhum deles conseguiu levar à destruição da Internet. E, em muitos casos, passado um breve período de abalo, a Internet ficou ainda mais fortalecida. Depois dos problemas do AOL, brotaram mais ISPs, incluindo o NetZero e o Juno, oferecendo uma confiabilidade cada vez melhor. A banda larga aumentou sua capacidade de penetração no mercado, permitindo a um maior número de usuários acessarem a Internet em menos tempo. O acesso ficou mais rápido e mais barato.

A ICANN (Internet Corporation for Assigned Names and Numbers) foi formada em 1998 como uma ONG (organização não governamental) dedicada a preservar a independência e a confiabilidade do sistema de nomes de domínio. Ela rapidamente eliminou muitas lacunas, como, por exemplo, os problemas de bancos de dados que, em 1997, consideravam nomes de domínios sem serventia.

Mas as pessoas continuam a debater sobre o colapso **"inevitável"** da Internet.[44] Cada vez que um novo crítico declara a morte da Internet, os problemas parecem se acirrar se comparados àquilo que inflamou os receios anteriores. Isso ocorre porque a Internet avança de maneira significativa cada vez que encontra e resolve falhas fundamentais (ou, para os opositores, fatais). Quando Metcalfe fez sua previsão pela primeira vez, o problema era simplesmente o número de usuários *on-line*, especialmente para obter acesso a *e-mails*. Esse problema trouxe questões à tona, mas, como o próprio Metcalfe previu que aconteceria, a Internet se mostrou resiliente.

Logo depois disso, muitos voltaram as atenções para o milênio. O milênio chegou e passou. Depois, houve uma enxurrada de preocupações com vírus e *spam* de *e-mails*. Paradoxalmente, esse problema ampliou nossos horizontes, com o *marketing* viral e as redes sociais. Mais recentemente, houve uma inundação de *sites* de mídia enriquecida, como o YouTube, que agora consegue processar mais informações do que a Internet inteira o fazia em 2000.[45] Esse problema certamente terá solução, mas outros surgirão. A questão é que, a cada novo problema, aparece uma solução e a Internet, consequentemente, fica ainda mais **forte**.

Portanto, Metcalfe tinha certa razão; a Internet tem lá seus problemas. Contudo, sua previsão estava totalmente errada: **não ocorreu um colapso catastrófico**. Pelo contrário. A Internet evoluiu e se tornou mais poderosa. Lembra-se de quando disse que Metcalfe precisou engolir suas palavras? Ele literalmente fez isso. E de uma forma resignada. Metcalfe colocou seu artigo em um liquidificador e tomou aquele líquido pastoso na frente do público durante uma conferência sobre a Internet, em 1996.[46]

PARTE IV

Eu, a Internet

CAPÍTULO 10

As novas regras do cérebro, dos negócios e muito mais

QUAL É O PERCENTUAL DO SEU **cérebro que você de fato utiliza?** A maioria das pessoas diriam **10%**. Essa é a resposta mais comum.[1]

Em um estudo recente, foi constatado que até mesmo estudantes universitários de psicologia acreditavam que utilizamos apenas 10% do nosso cérebro.[2] Talvez eles tenham lido William James, o psicólogo venerável que deu sua opinião sobre o cérebro: "Só fazemos uso de uma pequena parte dos nossos recursos mentais e físicos em potencial."[3] Ou talvez eles tenham lido que Albert Einstein e Margaret Mead tinham pontos de vista semelhantes.[4] Talvez eles tenham lido o prefácio do livro *Como Fazer Amigos e Influenciar Pessoas*, escrito em 1936 por Dale Carnegie, em que o famoso explorador Lowell Thomas dizia: "O professor William James de Harvard costumava dizer que uma pessoa desenvolve em média apenas 10% de sua capacidade mental latente."[5] Todas estas afirmações podem estar corretas, mas nenhuma delas responde a pergunta.

Então, qual é a resposta? Ao que tudo indica, você utiliza 100% do seu cérebro praticamente o tempo todo. Até mesmo enquanto você dorme, o cérebro fica altamente ativo. O neurologista Barry Gordon, da Escola de Medicina

Johns Hopkins, explica: "Utilizamos praticamente todas as partes do cérebro... o cérebro fica ativo quase o tempo todo."⁶

Na verdade, enquanto você está concentrado em uma tarefa (como, por exemplo, tentando responder esta pergunta), está realizando muitas outras tarefas simultaneamente (sentar-se, ler, focar, respirar, entre outras). Todas essas funções exigem atividade cerebral. Talvez você já tenha visto um mapeamento cerebral que mostrava determinada área do cérebro **"acesa"** em atividade. Os mapeamentos cerebrais costumam apresentar áreas destacadas para mostrar uma atividade em especial, mas isso é um pouco enganoso porque leva as pessoas a acreditarem que o resto do cérebro não está ativo. De forma geral, os mapeamentos cerebrais demonstram que o cérebro está totalmente "aceso" (ver Figura 10.1).⁷

O cérebro humano não tem um potencial ilimitado, pelo menos não no sentido de que nossa mente não tenha limites ou que seja subutilizada. Mas, em outro sentido, o cérebro é ilimitado pois podemos avançar a evolução natural, desenvolvendo ferramentas que expandam nosso intelecto para além da mente. Portanto, a Internet é, por assim dizer, a criação final. É por isso que a Internet estará cada vez mais presente em nossas vidas, intimamente associada às nossas atividades.

Pense em como uma loja de bicicletas de propriedade familiar faz uso da Internet no momento. Jan Thomson é dona da Jacksonville Bikes, na Flórida, e utiliza a Internet para enviar *e-mails*, fazer buscas, comprar itens para repor o estoque e divulgar produtos.⁸ Mas, com a convergência da Internet e do cérebro, a Internet passará a desempenhar um papel ainda mais importante em seu pequeno negócio.

Como resultado dessa capacidade de previsão, por exemplo, surgirá uma Internet mais personalizada. Consequentemente, quando os aplicativos da Internet conhecerem a "pessoa real", a Internet começará a personalizar suas ofertas, possibilitando análises e informações altamente personalizadas. Previsões mais precisas ajudarão Jan Thomson da Jacksonville Bikes a atrair mais clientes e encontrar a bicicleta certa para cada um. A Internet a ajudará a analisar o *feedback* de cada cliente e a compará-lo com locais já visitados pelo cliente, bem como aos comentários de outras pessoas com interesses semelhantes. Ela será capaz de encontrar rapidamente informações demográficas,

FIGURA 10.1

O cérebro costuma estar plenamente ativo, apesar de mapeamentos cerebrais às vezes destacarem tarefas específicas

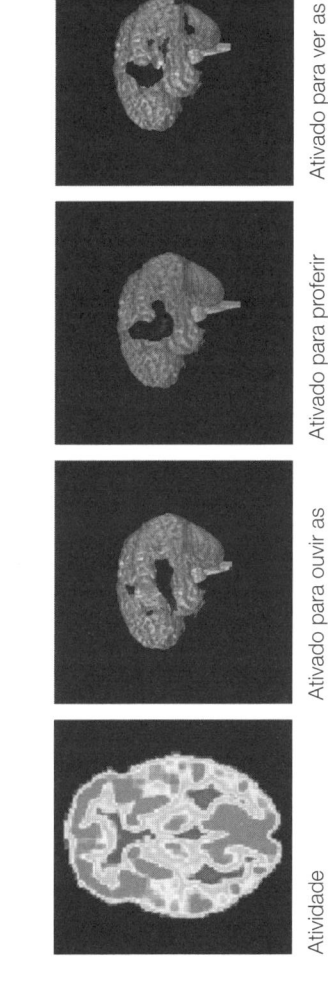

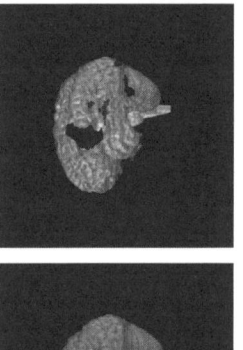

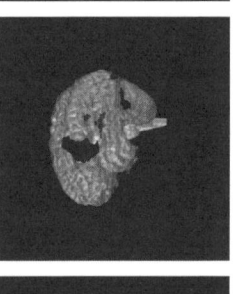

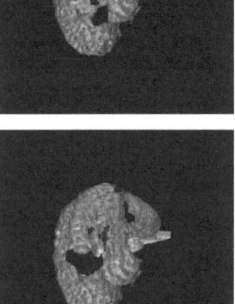

| Atividade cerebral normal | Ativado para ouvir as palavras | Ativado para proferir palavras | Ativado para ver as palavras | Ativado para pensar sobre palavras |

Fonte: Cortesia do Alzheimer's Disease Education and Referral Center, um serviço do NIA (National Institute on Aging).

psicográficas e comportamentais. E a Internet fará uma comparação desses dados com os conselhos da experiente Jan Thomson, e também com os pensamentos do cliente. Tudo isso ajudará a encontrar uma *Kestrel* perfeita em fibra de carbono para um cliente à procura de uma *mountain bike*. E também a encontrar uma *Schwinn Continental* ideal, com rodas que soltam rapidamente e freios com manuseio central para alguém em busca de uma bicicleta com dez marchas.

O que está acontecendo com a Internet terá um impacto direto sobre os negócios. E isso fica mais evidente na capacidade de a Internet aprender a interpretar, adivinhar e fazer previsões. Conforme vimos antes com o prêmio Netflix, o cérebro e a Internet são máquinas de previsão. Os avanços da Internet nesta direção serão mais expressivos. Como resultado, a Internet se aperfeiçoará cada vez mais na interpretação de pensamentos e opiniões subjetivas. Com base em pouco contexto de um novo filme, em algum momento o Netflix conseguirá formar uma opinião e interpretar os pensamentos das pessoas. Ele será capaz de alterar suas análises com base nas informações de entrada e nas respostas. Ou ele manterá logo a "opinião" original. Independentemente do comportamento da Internet, ela desenvolverá uma capacidade cada vez maior e melhor de fazer previsões. Essa capacidade permitirá aos negócios prestar serviços melhores aos clientes.

Big Brother

Esta é apenas uma pequena fração do impacto em potencial de uma Internet mais inteligente sobre os negócios. Mas esse impacto já é um acontecimento. A Internet também causará uma profunda mudança na sociedade. Imagine o que ocorrerá quando a Internet começar a criar *sites* sem a interferência da programação humana. Pense no quanto a Internet já conhece você (hábitos de busca, comportamento de compras, padrões de navegação na *Web*). Isso pode ser muito divertido.

Ou assustador! Em um artigo no jornal *The New York Times*, os repórteres descreveram o uso de arquivos de registro (dados de navegação) não identificados do AOL para determinar exatamente quem estava navegando.[9] Em um dos casos, eles conseguiram associar o "número de usuário 4417149" a Thelma Arnold, de Lilburn, na Geórgia, ao verificarem os dados de busca "anônima" dela.

Os dados de busca não têm nada de anônimo, apesar de talvez o Google ou o AOL levarem as pessoas a acreditar nisso. No caso de Thelma, ela fez a busca dos seguintes termos e expressões, em inglês: *lanscapers in Lilburn, GA, Arnold, homes sold in shadow lake subdivision Gwinnett county Georgia, 60s single men, numb fingers, dry mouth, thyroid, dog that urinates on everything* e *swing sets*. Conforme relato do jornalista: "Analisando busca a busca, clique a clique, ficou mais fácil desvendar a identidade de usuário AOL número 4417149." E os repórteres não levaram muito tempo para rastrear os arquivos de busca "anônimos" daquela pessoa e associá-lo diretamente a Thelma. Imagine só a surpresa de Thelma ao abrir a porta de casa e se deparar com um repórter do *The New York Times* perguntando se ela tinha conseguido se livrar do cheiro de urina de cachorro no tapete na semana anterior. **É isso mesmo: perdemos nossa privacidade *on-line*.**

Mas os pontos positivos superam em muito os negativos. Pare para pensar na possibilidade de uma Internet mais personalizada e dinâmica. E que tal ter seu próprio *site* conselheiro pessoal, que se baseie em tudo, desde mapas astrológicos até previsões meteorológicas em tempo real (e, através de biosensores, essas previsões podem apontar o local onde você se encontra no mundo). Ou ele poderá fornecer mapas com previsões do seu próximo destino e com sugestões dos melhores caminhos. E poderá sugerir *downloads* de livros, músicas ou filmes para a próxima viagem de avião, cuja passagem foi reservada através da Expedia, otimizando com base na duração da viagem reservada com antecedência ou na especificação de viagem a passeio ou a negócio. Um dia, ele poderá acabar criando conteúdo exclusivo especificamente para você – uma espécie de *Mad Libs* para adultos.*

Quando a Internet passar a compreender seus hábitos de entretenimento, ela poderá criar livros personalizados com base em um assunto do seu interesse; partituras originais de música com base no que você costuma escutar ou na sua biblioteca de iTunes; vídeos visualmente estimulantes criados a partir de uma biblioteca de imagens com base no seu estado de espírito e na hora do dia. Algumas empresas já estão criando *sites* personalizados a partir de

---

* Nota da tradutora: *Mad Libs* é um jogo de palavras em que partes de frases são deixadas em branco para que os leitores completem. Dessa forma, nascem histórias absurdas ou engraçadas. Surgiram diferentes versões do *Mad Libs*, muitas delas *on-line*. Na década de 1990, o Disney Channel exibia um programa baseado no *Mad Libs*.

conteúdo disponível sobre hábitos de *download*, informações armazenadas no seu computador, além de informações coletadas em suas redes sociais e de negócios. Portanto, tudo isso já está perto de se tornar uma realidade e supera os mecanismos de recomendação existentes.

Sites dedicados à área da saúde, como o *WebMD*, se tornarão cada vez mais interativos. Será como entrar em um **consultório médico**, em que o paciente responde a perguntas sobre seus sintomas e recebe orientação médica. As pessoas terão seus próprios médicos virtuais, que passarão a conhecer os pacientes e os históricos médicos correspondentes tão bem quanto os médicos reais. Imagine as consequências disso para a área da saúde, sem falar no custo do seguro saúde.

Esses *sites* poderão chegar a ponto de oferecer um alerta automático personalizado sobre, digamos, o temor de uma nova bactéria *E. Coli* encontrada em tomate contaminado, estreitando as informações para regiões geográficas específicas e lojas que você frequenta que estão devolvendo o produto (ou notificando você antes de fazer seu pedido naquele restaurante italiano favorito). Os centros norte-americanos de Controle e Prevenção de Doenças já estão usando a Internet para rastrear vírus transmitido pelo ar. Um estudo recente mostrou que você pode rastrear a gripe e a eclosão de outras doenças simplesmente acompanhando buscas na Internet.[10] Não se trata de um grande salto se pensarmos na necessidade de começar a utilizar tais informações para ajudar a evitar a proliferação dessas doenças.

A tendência geral é o surgimento de um número expressivo de ideias de negócios que se desenvolvam visando reduzir a complexidade e o estresse provocados por um estilo de vida em que todos estão sempre com pressa e muito ocupados.

O poder do pensamento

Como a Internet poderá tornar nossos cérebros mais poderosos?
Para responder essa pergunta, retomo o assunto do prefácio do livro: o BrainGate. Lembre-se de que o BrainGate está permitindo o implante de *chips* de computador nos cérebros das pessoas, habilitando-as a controlar dispositivos eletrônicos e computadores utilizando nada mais do que seus próprios pensamentos. Empresas como a BrainGate estão tentando de todas as formas vincular nosso cérebro à Internet.

Diversas empresas hoje fazem isso com *videogames*. Uma empresa chamada Emotiv produziu um capacete utilizável que emprega EEG (um nome técnico para eletrodos que são presos à sua testa) para medir as ondas cerebrais.[11] A Emotiv utiliza essas ondas cerebrais para fazer interface com jogos *on-line*. Já imaginou poder jogar Pacman através da sua mente? Foi isso que os fundadores da Emotiv imaginaram e estão implementando agora.

A Zeo, uma empresa que ajudei a fundar, possui uma faixa de cabeça EEG utilizável que mede as ondas cerebrais.[12] Seu primeiro produto é um despertador que o acorda no primeiro estágio do sono para que você não fique grogue pela manhã. Vejamos um trecho de um artigo do jornal *The Boston Globe* sobre o assunto: "Em vez de acordá-lo em um horário preciso, digamos às 6h30min da manhã, a faixa de cabeça seria capaz de monitorar suas ondas cerebrais através de sensores especiais, e despertá-lo meia hora antes de 6h30min, quando você estaria na fase do sono mais leve, algo bem melhor do que ser forçado a acordar na hora do sono mais pesado."[13] Mas há vantagens adicionais. A Zeo também funciona como um treinador do sono *on-line*, registrando dados, fornecendo sua pontuação do sono e comparando seus padrões de sono aos de outras pessoas.

O problema nos dois casos, contudo, é que a tecnologia é externa. Portanto, as ondas cerebrais que estão sendo mensuradas são esparsas. Para a Zeo, nossos comentários são **"bons o suficiente"** para um despertador e outros produtos de consumo. Para a Emotiv, a contribuição limitada do cérebro não é suficiente; assim, ela é complementada com o reconhecimento **facial** e **visual**.

Mas o BrainGate é diferente. Medindo cerca de 1/3 de uma moeda, este dispositivo implantável se conecta diretamente aos neurônios no córtex motor do cérebro. Ele utiliza cem eletrodos que têm quase a mesma largura de um fio de cabelo para registrar a atividade cerebral em um pequeno número de neurônios. Embora o BrainGate exija uma cirurgia cerebral, o desempenho é **indescritível**. Depois que o dispositivo é implantado, as pessoas conseguem literalmente converter pensamentos em ação. Conforme reportagem da CNN, em 2004, após o implante de nosso primeiro *microchip* no cérebro de um rapaz tetraplégico de 25 anos de idade, "Ele passou a... ligar e desligar o interruptor de luz e controlar os comandos da TV, enquanto conversava e movimentava a cabeça."[14]

O implante de um dispositivo como esse transforma os limites do cérebro humano em uma capacidade ilimitada. Sob diversos aspectos, você se vê livre das limitações do seu corpo. Você consegue conectar seu cérebro à Internet, a um robô ou a um braço biônico. O BrainGate também pode perfeitamente ser usado para controlar um submarino nuclear, uma cadeira de rodas ou um carro. Após conversar um pouco com o primeiro paciente com implante do BrainGate, um repórter da revista *Wired* comentou: "Teoricamente, se você consegue controlar o cursor de um computador, você é capaz de fazer tudo, desde desenhar círculos até pilotar um navio de guerra."[15]

Assim como ocorre em qualquer grande inovação, fica difícil identificar o que é **ciência** e o que não passa de **ficção científica**. Agora existe uma real possibilidade de baixar "implantes de memória" ou de recuperar informações da Internet sem fio.[16] Lembre-se de que os fundadores do Google imaginaram um futuro com "as informações do mundo inteiro como apenas um de nossos pensamentos". Talvez estejamos nos antecipando um pouco, mas esse futuro pode se tornar uma realidade com o BrainGate.

Esta tecnologia tem o potencial de ser revolucionária para todas as pessoas portadoras de algum tipo de deficiência física. Ela capacitará indivíduos com membros biônicos, restaurará a fala e oferecerá às pessoas com deficiência física o acesso antes inimaginável a um mundo que os não portadores de deficiência física talvez subestimem. E que mudança o BrainGate provocará no mundo para as demais pessoas? **Não sei dizer ao certo, mas parece divertido imaginar as possibilidades.**

CAPÍTULO 11

Um fantasma na *Web*

O QUE GAROTAS MENORES DE IDADE têm a ver com o governador de Nova York? Mais do que isso, o que elas têm a ver com milhões de leitores do Yahoo!? Foi isso que passou pela cabeça de muita gente quando o Yahoo! publicou um artigo de notícias sobre o envolvimento amoroso de Eliot Spitzer com prostitutas – e depois ofereceu ao público um *link* para obter mais informações, inclusive fotos das "garotas menores de idade".

Problemas à vista.

Tudo começou quando o Yahoo! desenvolveu uma **tecnologia de inteligência prognóstica** chamada Shortcuts. Com o Shortcuts, o Yahoo! realçava determinadas palavras no texto do artigo e automaticamente criava um *link* dessas palavras a *sites* de busca conhecidos. Infelizmente, o Shortcuts aprendeu mais sobre a natureza humana do que gostaríamos que soubesse – para ser mais específico, ele descobriu que muitos pesquisadores na *Web* buscavam informações específicas sobre uma coisa chamada **sexo**. Ingênuo e imaturo, o Shortcuts chegou a uma conclusão lógica: como o caso de Spitzer era sobre sexo e incluía a combinação infeliz das palavras **garotas menores de idade**, o Shortcuts interpretou que os leitores apreciariam histórias, fotos e *sites* com conteúdo semelhante.[1] Qualquer criança chegaria à mesma conclusão, se não fosse pelo fato de que isso equivaleria a um salto de um penhasco socialmente inaceitável.

No final, o Yahoo! fez o que qualquer empresa com um pouco de dignidade faria: ele freou o Shortcuts e bloqueou a frase insultante de seu vocabulário – para que nunca mais fosse pronunciada novamente.²

Swipey-wipies e *swirly-whirlies*

Se a Internet é um cérebro, ela é simplesmente um reflexo de nós mesmos? Se for isso, então o sexo certamente está em nossa mente, assim como está em abundância *on-line*. Por que então deveríamos nos chocar ao ver a Internet, ou o equivalente a um cérebro em crescimento, imitando o que pensamos dentro da nossas cabeças?

Assim como o cérebro humano, a Internet cometerá erros grosseiros inocentes (assim como ocorreu com o pobre Shortcuts). Nas décadas de 1950 e 1960, o programa de TV *Kids Say the Darndest Things* (*As Crianças Dizem as Coisas mais Terríveis*, na tradução literal), de Art Linkletter, dependia do seu humor sobre este aspecto da natureza humana. Ficava fácil rir, de forma um pouco nervosa, de histórias como esta: "Era uma tarde de verão e trovejava muito lá fora. Uma mãe colocava o filho para dormir. Ela estava prestes a apagar as luzes quando ouviu seu filho, visivelmente apavorado, perguntar 'Mamãe, você pode dormir comigo esta noite?' A mãe sorriu e deu um forte abraço nele. Ela respondeu 'Não posso, filho. Preciso dormir no quarto do papai.' Eles ficaram calados por um tempo e o silêncio foi quebrado pela voz trêmula do menino: 'Aquele bichona'."

Ouvimos as crianças falando estas asneiras sem malícia todo dia. No último incêndio no Estado da Califórnia, uma família que fugia das chamas disse que a filha de dois anos de idade repetia sem parar: "Casa. Casa. Casa." E, enquanto dormia, ela murmurava: "Sai fogo. Sai fogo. Sai fogo."³ Novamente, vemos um cérebro em desenvolvimento associando os padrões da inteligência humana.

Outro dia levei meu filho de três anos de idade ao zoológico de Jacksonville. Um dos pontos altos do zoológico premiado é um trenzinho que leva crianças e adultos para um passeio pelo reino animal em jaulas. Ao percorrermos as trilhas, meu filho mostrava todos os animais que ele conhecia. Ele me mostrou macacos, girafas e elefantes que não pareciam tão empolgados em seu habitat. Mas, de repente, o inesperado ocorreu. Meu filho começou a misturar outras coisas na narrativa do seu *tour*: "Tem um gorila, uma retroescavadeira, um pinguim e um *swipey-wipey*."

Antes que você chame a ajuda do serviço de proteção à criança contra mim, informo que *swipey-wipey* é o nome que ele deu para os dispositivos em um lava-jato (aqueles rolos de cerdas macias que aparentemente são chamados de *swirly-whirlies* em inglês), que estavam sendo usados para criar um quebra-vento na toca do leão. Mas não foi isso que achei estranho.

O que me surpreendeu foi a rapidez com que meu filho agrupou caminhões e *swipey-wipies* na mesma categoria que a dos animais. Perguntei por que ele pensou nisso e ele disse que tudo estava no zoológico e que fazia parte do *tour*. Ele realmente acreditava que eles faziam parte do ambiente, assim como os animais. Para ser mais exato, ele reparou em tudo isso exatamente da mesma forma que percebeu a presença dos animais, sem diferença. As máquinas, assim como os animais, se moviam, estavam felizes, estavam brincando e se alimentavam (embora meu filho não tivesse nenhuma vontade de comer feno ou gasolina).

Parece que esta linha de pensamento não é incomum. Eu, mais que qualquer outra pessoa, deveria ter percebido isso. Na graduação, minha pesquisa mostrou, entre outras coisas, que adultos (possivelmente adultos inteligentes da Universidade Brown) achavam natural categorizar as coisas com base em seu estado animado ou inanimado. Na realidade, esses estudantes estavam satisfeitos em colocar máquinas na mesma categoria que animais, como meu filho de três anos de idade fez no zoológico. Uma máquina em movimento é considerada mais semelhante a um animal do que uma rocha, um garfo ou uma torradeira. Mas um nabo é considerado mais semelhante a uma rocha do que um animal. Os estudantes de Brown sabiam bem disso, intuitivamente, mas não conseguiam resistir à tentação de categorizar com base no estado de animação.[4] Diferente do meu filho, suspeito que eles não acreditem que uma retroescavadeira tenha a capacidade de pensar, sentir e pastar sobre o gramado. Mas a origem latina de **animado** é *ânima*, que significa "alma"; então, talvez meu filho estivesse mais certo do que os estudantes da Brown.

Um fantasma na máquina

Se estamos dispostos a incluir máquinas e animais na mesma categoria, o que nos leva a pensar que não podemos criar uma máquina que pensa como um animal? E se ela puder pensar como um animal, por que não como um ser humano?

Ninguém menos do que o pensador Descartes se viu diante deste dilema. Na verdade, ele compartilhava a crença do meu filho e dos alunos da Brown: Descartes estava convencido de que os animais não passavam de máquinas cobertas por um pelo macio. Imagino que você esteja pensando que ele tinha a mente de uma criança de três anos de idade, exceto pelo fato de ser um dos maiores pensadores de todos os tempos.

Descartes percebeu que o cérebro era uma máquina (meu filho jamais imaginaria tal coisa), mas não conseguia decifrar como o cérebro poderia ser a coisa dentro de nossa cabeça responsável pelo pensamento. Então, ele inventou outro conceito, o da **mente**. É a mente, e não o cérebro, segundo Descartes, que nos torna quem somos. **E o que é esta coisa que ele chamou de mente?** Tratava-se de um fenômeno sobrenatural desconhecido, nada diferente de um elusivo "fantasma em uma máquina".[5] Mas se existe uma lição a ser tirada deste livro, é a seguinte: não existe um fantasma, não existe uma mente etérea, não existe uma gosma mágica em nosso cérebro. O cérebro é uma máquina que pensa!

As pessoas podem se assustar com alguns conceitos discutidos neste livro. A ideia de que o cérebro é uma máquina (e que, como resultado, algo além dos seres humanos pode ser inteligente) parece assustadora. Sejam marcianos invadindo nosso planeta, macacos conversando conosco, um fantasma em uma máquina ou a Internet recomendando garotas menores de idade, fica mais fácil chamar tudo isso de ficção científica.

Mas a inteligência não humana já se encontra entre nós. É verdade. Abelhas e formigas têm uma capacidade social muito superior à dos seres humanos sob diversos aspectos (pesquisadores de Stanford mostraram que colônias colaboram e se comunicam de uma forma que aproxima os neurônios no cérebro).[6] Os chimpanzés são conhecidos por utilizarem ferramentas complexas.[7] Os gorilas foram treinados para usar a linguagem de sinais. Koko, um gorila famoso (se é que um gorila pode ser considerado famoso), consegue compreender mais de duas mil palavras e certa vez pediu para ir ao dentista porque estava com dor de dente.[8] Os elefantes, com um cérebro do tamanho de um amendoim, conseguem reconhecer a si próprios em espelhos, um sinal evidente de sua autoconsciência.[9] E o que dizer de gatos ou cachorros, tão adorados por seres humanos? **Você pode afirmar que eles não são inteligentes?**

Planejando o curso

Então, o que isto significa? Por diversos motivos, é difícil determinar. Seria como perguntar a Cristóvão Colombo, quando ele fincou sua bandeira na ilha Hispaniola: "Então, o que isto significa?". Ele não teria uma resposta (É evidente que, ao retornar à Espanha, ele tratou de fazer um relato plausível para a rainha; caso contrário, ele estaria arriscado a ser preso ou degolado). Até mesmo o grande pensador Steven Pinker não tem uma resposta. Quando perguntaram a ele como seria reunir um bilhão de chineses para simular as conexões neurais de um cérebro (que pergunta acadêmicos!?!?), ele respondeu, com uma franqueza raramente encontrada no meio acadêmico ou científico: **"Agora você me pegou**."[10*]

Muitas pessoas ainda fazem previsões sobre o futuro. Não conheço ninguém mais audacioso e sincero do que Ray Kurzweil. Ele **não** é nenhum ingênuo no mundo da alta tecnologia. Kurzweil inventou o *scanner* plano de mesa e, após um encontro com o pequeno Stevie Wonder (na época, ele ainda era o "pequeno Stevie Wonder"), ele também inventou o primeiro dispositivo para ler livros para os cegos, além do sintetizador de voz para transformar o que estava impresso naqueles livros em discurso (Kurzweil mais tarde inventou o sintetizador musical: está lembrado do *hit* Paul McCartney/Stevie Wonder *Ebony and Ivory*? Aquilo foi trabalho do sintetizador de Ray). Kurzweil foi aclamado como o inventor do ano pela MIT e pelo Museu de Ciências de Boston. Ele é membro do U.S. Patent Office National Inventors Hall of Fame e foi homenageado com a medalha Nacional de Tecnologia.[11]

Qual é a previsão de Ray Kurzweil para o futuro? (música de *flashback* ao fundo.) "Estamos em 2019... um dispositivo de computação de US$ 1.000 agora tem quase a mesma capacidade computacional que o cérebro humano... a grande maioria das transações agora inclui uma pessoa simulada... existem frequentes relatos de computadores que passaram no teste de Turing [de inteligência para máquinas]..."[12]

E quais são as previsões para 2029? Ray Kurzweil vislumbra que estaremos dizendo que: "Um dispositivo de computação que custa US$ 1.000 tem a capacidade computacional de aproximadamente 1.000 cérebros humanos...

---

* Nota da tradutora: tradução livre.

Agentes automatizados agora estão aprendendo por conta própria... máquinas estão criando um conhecimento considerável com pouca ou nenhuma intervenção humana... A maior parte da comunicação humana não envolve um ser humano. A maior parte da comunicação envolvendo um ser humano ocorre entre um ser humano e uma máquina."[13]

Será que Kurzweil está certo? Não sei! Ele é mais corajoso do que eu. E também é inteligente: quando ele fez essas previsões, em 1998, pensando no ano de 2009, disse que os computadores pessoais com visores de alta resolução viriam em diferentes tamanhos (temos os *iPhones*); os cabos desapareceriam (temos o Wi-Fi); as compras e reservas ocorreriam com um toque de personalidade virtual (temos o Expedia e o Amazon.com); cursos inteligentes surgiriam como um meio comum de aprendizagem (temos educação *on-line*, como a oferecida pela Universidade de Phoenix); retornos rápidos provenientes do avanço da tecnologia da computação resultariam em uma contínua expansão econômica (verdade, pelo menos até recentemente); e músicos reais seriam vistos com frequência tocando com músicos "cibernéticos" (temos o Rockstar e o Guitar Hero).[14]

Então Ray Kurzweil está certo sobre 2019, 2029 e o futuro da inteligência artificial? Naturalmente que não posso afirmar isso com certeza. A fragilidade em todas as previsões humanas é que extrapolamos com base no que de fato já sabemos, e essa prática às vezes nos leva a cometermos grandes equívocos. **Mas dito isso, mesmo assim, eu não apostaria contra ele,** e muitos de seus prognósticos foram citados neste livro, contatando-se que eles aconteceram...

A gravidade do sistema

Ray Kurzweil continua mais preocupado com o destino e a evolução dos computadores, mas a Internet, como vimos, é fundamentalmente diferente. A questão, portanto, é **identificar o rumo da Internet**. Considerando que Bob Metcalfe prometeu que comeria uma cópia de suas previsões (e **cumpriu a promessa, colocando tudo em um liquidificador e tomando a mistura**), arrisco-me a fazer a mesma aposta. Afinal, papel é feito de fibra e todos nós precisamos de mais fibras em nossa dieta alimentar, certo?

Para minha sorte, no caso da Internet, temos o cérebro como guia; então, a natureza nos oferece algumas pistas. À medida que o cérebro do bebê se desenvolve, há uma explosão de desenvolvimento neural. E estamos vendo uma enxurrada de novos *sites* ficando *on-line* no nosso cérebro de bebê. Nos primórdios da Internet, houve uma explosão combinatória de novos *sites*; contudo, nos últimos anos, esse processo ficou mais lento.

A Internet passou pelo seu estágio embrionário. Novos *sites* continuam surgindo, mas a um **ritmo** bem mais **lento**. E esses *sites* possuem cada vez mais *links* a outros *sites*, imitando a forma como um recém-nascido começa a explorar o mundo e a construir relações causais que se convertem em conexões neurais e semânticas. Se pensarmos em como os mecanismos de busca fazem uso de *spiders* e classificam *sites*, tudo nos leva a crer que exista um forte incentivo para aumentar o número de *links* e isso significa que estamos avançando (e, seja por acaso ou deliberadamente, esses *spiders* visam monitorar a atividade de um cérebro recém-nascido).

Apesar de seus poucos anos de vida, a Internet promete. Ela está crescendo a um ritmo alucinante. Assim como ocorre nas ligações de um cérebro em crescimento, os *links* da Internet adquirem uma relevância cada vez maior. Por outro lado, muitos *sites* estão perdendo sua força junto ao público e morrendo (o termo técnico para este fenômeno é **desprovisionamento** e o termo nos negócios é **rotatividade**). Os *links* que não apresentam tráfego ou uma real utilidade estão desaparecendo dos *sites*.

Os algoritmos acabarão amadurecendo e, assim como no cérebro, eles começarão a descontar, descartar e penalizar *links* que são irrelevantes, artificiais ou falsos. Em algum momento, a própria Web, através de um dos seus órgãos dominantes (como se fossem as CIAs da Web: W3C ou ICANN) talvez acabe eliminando proativamente os *links* problemáticos. Há uma tendência à retração de *sites* e *links* porque esses limites são essenciais para que um caminho evolucionário permaneça "rápido e frugal".

E haverá outras mudanças mais revolucionárias. William James, que talvez tenha sido o único psicólogo a se pronunciar sobre o assunto, graças à sua influência na área, disse: "Não existe uma célula ou um grupo de células no cérebro com tamanha proeminência anatômica ou funcional a ponto de parecer ser a base ou a gravidade do sistema inteiro."[15] Mas isso é contrário ao nível de evolução da Web. Como vimos antes, os neurônios são diferentes de *sites* na Web: enquanto o poder de um neurônio provém da rede de neurônios que estão conectados a ele, um único *site* pode conter (teoricamente) uma quantidade infinita de informações. Na Internet, cada *site* corresponde à gravidade do sistema inteiro.

Mas essa situação mudará conforme a Internet se desenvolver e se tornar um cérebro adulto. Embora *sites* armazenem informações, seu poder também reside nas formas com eu eles se conectam uns aos outros. Uma rede de *sites* cria uma densidade de conteúdo, relevância e independência que nenhum *site* sozinho é capaz de capturar, assim como um conversor catalítico é bem mais poderoso no contexto de um mecanismo de combustão. Mas esse cavalo-vapor não pode ser usado... pelo menos por enquanto.

À medida que a *Web* evolui, o valor destas redes de redes aumenta; novos programas, algoritmos, *spiders* e estruturas serão desenvolvidos para alavancar esse poder. Em um futuro próximo, *sites* obterão informações de diferentes *sites* para criar colagens de novas informações; mecanismos de busca controlarão a estrutura de *links* para determinar informações de categoria e não apenas a popularidade; a própria *Web* habilitará a formação de grupos de conteúdo que, por sua vez, habilitarão uma *Web* semântica; e surgirão redes neurais cada vez mais complexas, possibilitando a comunicação, o *networking* e o pensamento.

Deve-se ressaltar também que a estrutura subjacente aos *links* na *Web* passará por transformações. No momento, os *links* têm uma dimensão: predomínio da cor azul *royal* em conexões de um *site* para outro. Mas o cérebro não funciona desta forma. Ele tem dois tipos de *links*: de entrada (axônios) e de saída (dendritos). As memórias são ainda mais poderosas em termos de *links* semânticos (ou seja, um *911* é um *Porsche*; um *Porsche* é um carro veloz; carros velozes recebem mais multas por excesso de velocidade; multas por excesso de velocidade e carros velozes custam muito dinheiro). A *Web* tende a incorporar *links* e relações cada vez mais avançados. Os *sites* precisarão exibir os novos *links* que surgem na *Web*, oferecendo assim representantes que definam o próprio *site*.

Os neurônios também avaliam seus *links* e isso se reflete na relativa potência das memórias, mas o mesmo não ocorre na *Web*. Os *links* da Internet chegarão ao ponto de incorporar a avaliação, permitindo que qualquer pessoa verifique a relevância e a importância de um *link* em uma página específica.

Pense nisso como um código em cores, em que azul represente os melhores *links* da página, vermelho os segundos melhores, amarelo os terceiros melhores e assim por diante. No começo, os proprietários do *site* podem escolher os *links* que considerem mais relevantes. Porém, com o tempo, o sistema permitirá fazer uma avaliação dinâmica com base no número de pessoas que clicam em cada *link* ou na relevância do *link*.

A meta final é ter informações disponíveis da mesma forma que encontramos no nosso cérebro. Em nossas mentes, não dispomos de mecanismos de busca. As informações se espalham por uma série de lembranças conectadas, se associam a outras informações no nosso cérebro – é desta forma que nosso pensamento se processa. Chegará o dia em que conseguiremos inserir pensamentos, sentimentos e aspirações na *Web* a fim de gerar um processo semelhante. Assim, você terá a seu dispor uma gama de informações, organizadas de maneira dinâmica, com base em seus pensamentos. Basicamente, isso tornará os mecanismos de busca (sim, inclusive o Google) **obsoletos**!

Os *sites* também se tornarão modulares, habilitando não apenas editores independentes (hoje, na Wikipédia, qualquer um pode editar a enciclopédia *on-line*), mas também a própria *Web* a modificar os *sites* que fazem parte dela. Assim como o cérebro pode modificar memórias e até mesmo criar novas memórias, a Internet será capaz de modificar e criar *sites* da *Web*.[16] Isso lhe parece estranho? Não é algo tão difícil de imaginar porque já é uma realidade, até certo ponto. Uma notícia que você leu no CNN.com pode perfeitamente ter sido publicada antes no Reuters e, assim, vários outros *sites* automaticamente se apoderaram dela também, inclusive o *site* da CNN. Está lembrado da história publicada no Yahoo! sobre a "garota menor de idade"? Essa história tinha *links* dinâmicos que não foram gerados pela CNN, e nem mesmo por um editor do Yahoo!, mas sim por um algoritmo na *Web*. No cérebro e na *Web*, as informações não são estáticas.

Podemos dizer que o cérebro é uma esponja porque ele absorve informações. Mas desse ponto em diante, as informações são manipuladas e integradas ao restante do conhecimento que se encontra armazenado no cérebro. Na publicidade, isso significa que é necessário apresentar sua mensagem de maneira adequada.[17] Na Internet, isso significa que você precisa aceitar os fatos e estar disposto a permitir que suas informações sejam alteradas e adaptadas conforme a reação da rede social a elas.

Logo serão criados novos *sites* que aglutinarão grupos (*clusters*) de informações intimamente vinculadas. A rede de redes que encontramos no Facebook será aplicada à *Web*. Você não precisará mais pesquisar diversos *sites* sobre carros ou um agregador como o Autobytel ou até mesmo o Google para localizar informações sobre o melhor SUV (*sport utility vehicle*, isto é, carro utilitário esportivo) híbrido. A Internet criará uma página contendo apenas as informações mais interessantes e relevantes da rede. Hoje já existe uma pequena empresa *start-up* chamada Kosmix.com que está construindo o que chamo de **portais dinâmicos** – você faz uma pesquisa qualquer e eles apresentam uma página gerada dinamicamente a partir de conteúdo da *Web* inteira. Um dia a *Web* terá a capacidade de gerar uma página da *Web* específica para atender à sua solicitação, da mesma forma que o cérebro dispara novas sinfonias de empolgação quando encontra um assunto novo.

E quanto às leis de Moore e Metcalfe? Ambas sumirão aos poucos, pressionadas por sua própria força gravitacional. Isso não é surpreendente porque todo crescimento substancial tende a estacionar a certa altura. Mas o que isso tem a ver com computadores e a Internet? Imagino que isso alimente uma nova era de produtividade em que os avanços na área de *software* excederão o crescimento que temos acompanhado em termos de *hardware*; a inteligência não será mais resultado da força bruta, mas sim de suposições embasadas. Lembre-se de que o cérebro é um computador lento; portanto, não adquirimos inteligência meramente através de tamanho ou velocidade. O que nos torna inteligentes é que, além de nossa capacidade de fazer *looping*, somos lentos e especulativos. Quando a Internet não puder mais contar com os ganhos em produtividade a partir da força bruta, ela recorrerá a outras medidas, e isso certamente será possível através da **imitação do poder do cérebro**.

Consciência coletiva

O foco que antes recaía sobre avanços em *hardware*, agora se volta para o *software*. Assim, a existência de uma inteligência e de uma consciência *on-line* deixa de ser uma ideia distante. Será que estamos extrapolando um pouco? Nem tanto assim. Pense na nova geração de *sites* de realidade virtual. Cerca de quinze milhões de pessoas participam do *Second Life*, um *site* em que elas se deixam submergir no ciberespaço e se tornam pessoas diferentes do que o são na vida real.¹⁸ e o *Second Life* é apenas um entre tantos mundos de realidade virtual conhecidos.

Será que a realidade virtual será a inteligência por trás da Internet? Em vez de ser uma extensão do pensamento humano, será que ela surgirá como algum tipo de ingestão de inteligência humana dentro da estrutura de um mundo artificial? Esta não seria a primeira vez que a ficção científica mudaria o destino traçado para a realidade.

Mas e se as linhas ficarem confusas? Será que não teremos consciência da interseção entre mentes e máquinas?¹⁹ Considere a história de um assalto que ocorreu em 2007. Dias antes do assalto, a polícia de Amsterdã soube da história de uma mulher que havia aberto uma loja de móveis na Humbolt Street, três anos antes, e tinha um negócio próspero até alguém entrar na loja e roubar móveis no valor de US$4.000. A polícia conseguiu obter vários detalhes do episódio; portanto, ela estava confiante de que a justiça seria feita.

A polícia começou a investigação e rapidamente descobriu alguns fatos bizarros. Primeiro, a Humbolt Street não fica em Amsterdã, e nem mesmo na Holanda. Além disso, não conseguiam encontrar os ladrões.

Parece que a explicação é que o crime de fato não ocorreu em Amsterdã ou mesmo no "mundo real". Ele ocorreu no Habbo Hotel, um mundo virtual que só existe na Internet. Mas o crime foi real e os móveis, apesar de virtuais, tinham um valor real em euros. O mais estranho é que a polícia holandesa concordou com essa versão. Eles acabaram assumindo o caso, encontrando os ladrões virtuais (no mundo real) e prendendo-os. Os ladrões foram banidos do mundo virtual e provavelmente vão passar um bom tempo em uma cadeia de verdade.²⁰

O que está acontecendo em uma vida virtual é simplesmente uma extensão da vida real – ou, em alguns casos, uma **substituição**. Centenas de milhares de pessoas agora deixam de sair no sábado à noite para curtir um **namoro virtual**, como no Habbo Hotel ou no *Second Life*. O Habbo afirma que já conta com mais de oitenta milhões de pessoas em trinta e um países; podemos dizer que ele é, no mínimo, um hotel bem movimentado.²¹ E isso é superado pelo mercado vibrante do *Second Life*, que opera o equivalente a 100 milhões de dólares ao ano e está gerando milionários de verdade.²² As pessoas nesses mundos virtuais têm interações reais, fazem transações com dinheiro real e vivem vidas reais, apesar de estarem em um mundo virtual.

Aí alguém pode ser perguntar se o corpo (sentado de frente para um teclado horas a fio) não passa de um cérebro mantido artificialmente por máquina – o fantasma de Descartes. No início de minha carreira, tinha pouca experiência: passava horas em um cubículo ao telefone com diversas pessoas, algumas das quais vim a conhecer muito bem. Mas, em determinado ponto, tive uma sensação estranha de que eu não passava de um cérebro, flutuando no espaço, se comunicando com outros cérebros (Não se preocupem – nada como algumas cervejas, oferecidas pela minha esposa, para me curar da divagação).

Muitas pessoas acabam tendo essa sensação e muitas vezes ficam com aversão à tecnologia. Na época do rádio, o perigo estava nas ondas de frequência. Diziam que a televisão poderia trazer vários males: ADD, câncer de cérebro, dessensitização, vácuos culturais. Será que os telefones celulares causam câncer ou apenas nos tornam menos agradáveis? Por mais escritórios livres de papel e agendas eletrônicas que existam, sempre haverá pessoas apostando no valor da palavra impressa. **O que será da Internet quando os críticos declararem que ela é perigosa demais, maliciosa demais ou até mesmo inteligente demais?**

Esta é uma pergunta da qual não poderemos escapar porque uma **Internet inteligente** é algo **iminente**. Estou certo de que semelhança com um cérebro não diferirá muito do primeiro avião que mexeu suas asas como um pássaro. Mas, como um avião, a inteligência por trás da Internet atingirá uma velocidade e uma distância jamais vistas antes sobre a Terra. Se pensarmos que apenas 66 anos depois do primeiro voo dos irmãos Wright, os astronautas pisaram pela primeira vez na Lua, o que dizer sobre o futuro da Internet? A Internet já nos deu oportunidades que superam em muito o impacto do voo, mas isso não é nada comparado ao que virá por aí. Concordo que isso é um pouco assustador. E, se você acha desconcertante a ideia de uma Internet inteligente, o que me diz de uma Internet autoconsciente?

Penso, logo sou a Internet

É difícil prever o que acontecerá nos próximos 66 anos. **Será que a Internet estará conversando conosco?** Provavelmente isso será uma realidade porque o *software* de conversão de texto em fala continua a ser aperfeiçoado. **Será que a Internet terá melhor capacidade de tomar decisões do que**

agora? Certamente porque acompanhamos o sucesso de várias empresas com algoritmos de previsão. **Será que a Internet estará incorporada às nossas mentes através de um dispositivo tipo o BrainGate, que vimos antes?** Isso é possível, pelo menos para algumas almas corajosas.

Mas e quanto à pergunta que vale um milhão de dólares: **"Será que 'A Internet' se tornará consciente?"** E ela terá sentimentos, necessidades, desejos? Será que a Internet irá acordar um dia, procurar a garota mais bonita e pedir para tocar em suas glândulas mamárias? Isso é improvável se pensarmos na forma como a Internet tem se desenvolvido.

Lembre-se de que estamos comparando a Internet a um cérebro, e não a um ser humano. Portanto, convém não avaliar a Internet pelos **"padrões da nossa própria vida"**.[23] Os cérebros podem ser usados com várias funções, e eles podem até mesmo ser compartilhados (seja por gêmeos siameses ou por colônias de abelhas ou formigas). É pouco provável que a nuvem do Google se torne **"A Internet"** e acorde um dia se perguntando se vai chover. Também é improvável que ela obtenha o controle de "A Internet" e exerça sua vingança trovejante sobre a nuvem da Microsoft ou do Amazon.com. E não espere que "A Internet" sinta dor ou amor, nem que sonhe ou compreenda o mundo ao seu redor. Não é isso que acontecerá com "A Internet". Uma coisa é certa: **"A Internet" não adquirirá consciência!**

Entretanto, isso não descarta por completo a presença da consciência na Internet. Pelo contrário, é bem mais provável que encontremos diferentes tipos de personalidades na *Web*. É provável que determinados sistemas na Internet alcancem o nível de consciência reservado apenas para os animais mais inteligentes, incluindo os seres humanos.[24] Há alguns anos, John Markoff, do *The New York Times*, escreveu o seguinte: "Entre os bilhões de documentos que constituem a *World Wide Web* e os *links* que os entrelaçam, cientistas da computação e um grupo cada vez maior de empresas *start-ups* estão encontrando novas formas de destrinchar a inteligência humana."[25] Várias empresas estão construindo *software* que controla o cérebro para criar o que acreditamos ser a consciência humana.

Por exemplo, nos últimos vinte anos, o cientista do cérebro Doug Lenat tem trabalhado em um "cérebro mecânico" que recria todas as informações do mundo.[26] Seu projeto se chama CYC. No início, o grande volume de informações de bancos de dados era inserido manualmente, mas agora isso é feito na *Web*. Sua meta é ensinar o bom senso à CYC - ou seja, como rir, chorar, amar e interpretar o mundo. Em relação à consciência, Lenat diz: "Acho que ela está consciente agora."[27]

Eu poderia falar exaustivamente sobre o assunto porque a reflexão sobre o futuro de uma Internet consciente dá margem a uma enorme quantidade de discussões. Mas permita-me deixá-lo refletir sobe um pensamento (de quem mais poderia ser?) de Dan Dennett:

"Vamos pensar em uma cena de ficção que provavelmente o deixará assustado. Um vírus aterrissa no planeta e começa a assumir o controle do local e crescer, crescer, crescer. Ele precisa de nós para fornecer a ele energia e reparo, mas ele nos oferece diversos serviços que apreciamos e, aos poucos, nos torna mais e mais dependentes dele, ao ponto de percebermos que muitas das coisas que são mais valiosas para nós só poderão ser obtidas se alimentarmos esse vírus e ajudarmos ele a crescer até que, finalmente, domine o planeta. Esse cenário é bem assustador. Ele não é real sob um aspecto: o vírus não veio do espaço externo. Ele é chamado de **superestrutura de informações do mundo** ou da *Web*, da Internet. Ele já se encontra entre nós e já somos dependentes dele. Portanto, é tarde demais para voltar atrás. Precisaremos manter o máximo de controle sobre ele e esse controle já começa a nos escapar." [28]

Concordo com Dennett. Acho que isso já existe. Mas não é algo ruim. **Será muito divertido e bem empolgante!** [29]

EPÍLOGO

O cérebro da nova máquina

Em uma típica manhã ensolarada em Sunnyvale, na Califórnia, um conversível *Mustang* amarelo surgiu no estacionamento de um dos escritórios corporativos com vidros espelhados que tomam conta da rodovia 101. Algumas das invenções mais surpreendentes do nosso tempo tiveram origem em Sunnyvale e nas pequenas cidades vizinhas. Em um raio de 40km, inventores criaram o semicondutor, a válvula elétrica, o circuito integrado, o computador pessoal (o PC) e muito mais. Uma nova leva de inovadores de alta tecnologia ainda mais competitivos surgiu em outras redondezas, ampliando esse raio.

Por esse motivo, ao se aproximar do prédio, o rapaz precisou passar por um esquema de segurança sofisticado. Como era sábado, a verificação foi rápida. Ele pegou o elevador e foi parar em um espaço bem amplo com cubículos que pareciam idênticos. O cubículo dele tinha as fotos de praxe de sua namorada e de seus pais, além de uma foto do seu cachorro. A mesa em formato de ferradura estava repleta de livros e papéis; as duas telas grandes de computador adquiriam vida com seus protetores de tela à espera de uma tarefa mais importante.

Ele se sentou e começou a digitar rapidamente no teclado. Era como se ele estivesse despejando ideias que rondaram sua mente naquela noite – pensamentos que ele deixou suspensos até conseguir voltar ao trabalho. Agora, o que antes parecia uma vasta rede de fiação elétrica surgia na tela. Com a ajuda do *mouse*, ele movimentou algumas das ramificações. Depois, ele ficou pensando no que havia feito.

Seus pensamentos o remeteram aos tempos de faculdade na Universitá di Roma, onde ele estudou filosofia da mente. Ele também se lembrou da época na Universidade Brown, onde estudou linguística, neurociência e inteligência artificial.

Ele sabia que o cérebro era semelhante às imagens mostradas na Figura E.1.

Lá estava ele novamente com os dedos sobre o teclado. Desta vez, ele apresentou uma imagem da Internet. A Figura E.2 mostra o que ele visualizou.

Ele aprendeu em seu curso de pós-graduação que as semelhanças entre as imagens eram mais do que puro acaso: ele estava visualizando dois cérebros, um mais primitivo do que o outro, mas, para todos os efeitos, continuava sendo um cérebro. Ele começou a digitar novamente, agora bem mais rápido.

Se você estivesse de pé no estacionamento, contemplando o prédio envidraçado curvo, certamente teria avistado ele lá. A luz da tarde esmaecia dando lugar à noite; as luzes começavam a se acender no escritório; o nome do titã da Internet, o Yahoo!, reluzia em roxo sobre a estrada (É claro que a inteligência na *Web* se modifica rapidamente; então, se você for procurá-lo agora, provavelmente o encontrará no Google).

FIGURA E.1

O cérebro humano e a Internet

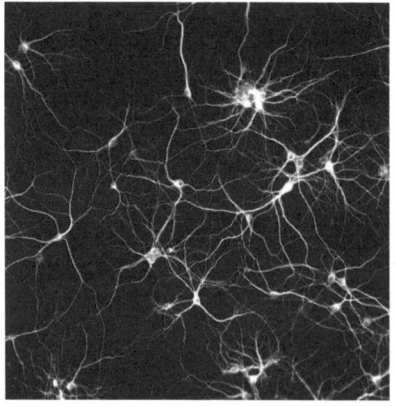

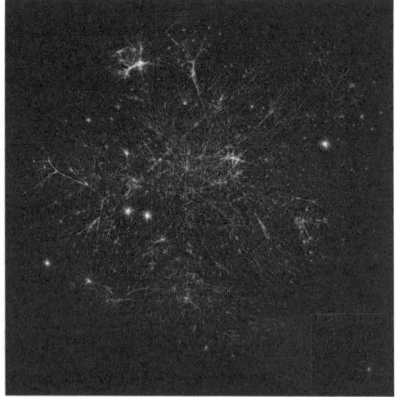

Fonte: A imagem (à esquerda) é cortesia de Paul De Koninck, www.greenspine.ca; a imagem (à direita) é cortesia do Opte Project, licenciada pela Creative Commons, http://creativecommons.org/licenses/by-nc-sa/1.0/.

Este rapaz não é fruto da minha imaginação, nem um personagem de ficção. Além de ser um amigo e colega, ele faz parte do grupo de empreendedores de alta tecnologia que estão **em busca da conexão entre a Internet e o cérebro!** [1]

NOTAS

Prefácio

1. Para saber mais sobre os erros de Einstein, ver Hans C. Ohanian, *Os Erros de Einstein: As Falhas Humanas de um Gênio* (Ed. Larousse do Brasil, 2009); para saber mais sobre os erros de Edison, ver Harold Evans, *Edison´s 2,998 Mistakes*, *Los Angeles Times*, 1 de novembro de 2004 e Neil Baldwin, *Edison: Inventing the Century* (Chicago: University of Chicago Press, 1995); para saber mais sobre a descoberta da penicilina por Alexander Fleming, ver Kendall Haven, *Marvels of Science: 50 Fascinating 5-Minute Reads* (Westport, CT: Libraries Unlimited, 1994); para saber mais sobre o Viagra e as falhas que se transformam em sucessos, ver Henry Chesbrough, *Managing Your False Negatives*, *Harvard Management Update* 8, N° 8 (agosto de 2003).

2. David Sheff, *Playboy Interview: Google Guys*, *Playboy*, setembro de 2004.

3. A empresa arrecadou US$ 5 milhões doados pela Oxford Bioscience Partners em 2002 e mais US$ 4,3 milhões da mesma fonte em 2003.

4. A empresa foi chamada de Cyberkenetics, mas, desde então, minha equipe transformou a propriedade intelectual da BrainGate em propriedade privada e a empresa passou a ser chamada de BrainGate, Co.

5. Universidade Brown, *Pilot Study of Mind-to-Movement Device Shows Early Promise*, Press Release, março de 2002.

6. L.R. Hochberg, M.D. Serruya, G.M Friehs, J.A. Mukand, M. Saleh, A.H. Caplan, A. Branner, D. Chen, R.D. Penn e J.P. Donoghue, *Neuronal Emsemble Control of Prosthetic Devices by a Human with Tetraplegia*, *Nature* 442, N° 7099 (2006): 164-171 e M.D. Serruya, N.G. Hatsopoulos, L. Paniski, M.R. Fellows e J.P. Donoghue, *Instant Neural Control of a Movement Signal*, *Nature* 416 (2002): 141-142.

7. BrainGate é o que John Brockman, fundador da Edge, denomina uma ideia perigosa: uma descoberta científica que pode enviar

8. *Harnessing the Power of the Brain*, *60 Minutes*, 2 de novembro de 2008.

Introdução

1. Steven Pinker, *Como a Mente Funciona* (Ed. Companhia das Letras, 1998), 33.

2. A crença de que a mente, a princípio, é um recipiente vazio, é bem antiga; muitas pessoas ainda acreditam nessa noção. Costuma-se creditar essa ideia a John Locke, autor da teoria da mente como *tábula rasa*, mas ela remonta aos gregos antigos. Para obter uma crítica tocante e verdadeira em relação a Locke, ver Steven Pinker, *Tábula Rasa – A Negação Contemporânea da Natureza Humana* (Ed. Companhia das Letras, 2004). Ou, **se tiver coragem**, mergulhe a cabeça de um bebê na água (ele prende a respiração por instinto).

3. O termo **encefalização** se refere à quantidade de massa cerebral em relação ao tamanho e peso de um animal. Em geral, supõe-se que, quanto maior a encefalização, amior será a inteligência de uma espécie. Naturalmente, os seres humanos têm praticamente o maior grau de encefalização (especialmente porque isso está relacionado ao córtex cerebral) do reino animal. Isso foi reconhecido por Darwin, que escreveu em *The Descent of Man*: "Suponho que ninguém duvide de que a grande proporção do tamanho do cérebro humano em relação ao seu corpo, comparada à mesma proporção no gorila ou no orangotango, esteja intimamente relacionada à sua capacidade mental." (tradução livre) Para saber mais sobre a **grande encefalização**, ver Daniel C. Dennett, *A Perigosa Ideia de Darwin: A Evolução e os Significados da Vida*. Ed. Rocco, 1998

4. Michael Woods, *Ancient Construction*, (NY, NY: Twenty-First Century Books, 2000), 37

5. A Internet foi criada por um órgão de defesa do governo norte-americano chamado ARPA (Agência de Pesquisas em Projetos Avançados), que oferece concessões de pesquisa para diversas inovações científicas e tecnológicas que surgem. No início, a Internet era chamada de ARPANET, uma associação entre Stanford (SRI) e a UCLA, em 1969. A ARPANET se desenvolveu lentamente: em 1981, existiam apenas 213 conexões.

6. E. O'Neill, B. Lavoie e R.Bennett, *Trends in the Evolution of the Public Web 1998-2002*, *D-Lib Magazine*, abril de 2003.

7. David A. Vise e Mark Malseed, *Google – A História do Negócio de Mídia de Maior Sucesso dos Nossos Tempos* (Ed. Rocco, 2007).

8. Para obter uma discussão abrangente sobre o assunto em geral, ver Steven Pinker e Jacques Mehler, eds., *Connections and Symbols: A Cognition Special Issue* (Amsterdam: Elsevier Science Publishers, 1988). Conforme veremos mais adiante, até mesmo indivíduos com a mesma especialização ou área de atuação podem discordar radicalmente em relação a como a mente funciona.

9. Daniel C. Dennett, *Consciousness Explained* (New York: Little Brown & Co., 1991).

Capítulo 1

1. Howard Margolis, *Patterns, Thinking and Cognition: A Theory of Judgment*. Chicago: University of Chicago Press, 198, 60.

2. Há dois tipos de mentores: aqueles que passam muito tempo com você, e se tornam confidentes confiáveis, e outros que oferecem conselhos sábios que mudam sua vida. Na minha opinião, Dan Dennett se enquadra no segundo caso.

3. Daniel C. Dennett, *Consciousness Explained* (New York: Little Brown & Co., 1991), 27.

4. Ibid, 29.

5. Ibid, 268.

6. Ibid, 189-190.

7. Ver também Douglas R. Hofstadter e Daniel C. Dennett, eds., *The Mind´s I: Fantasies and Reflections on Self and Soul* (New York: Basic Books, 1981).

8. Daniel C. Dennett, *Consciousness Explained*, 189-190.

9. Eric Clapton, *Clapton: The Autobiography* (New York: Broadway Books, 2007), 29.

10. Ver Jeffrey Stibel, *Increasing Productivity through Framing Effects for Interactive Consumer Choice*, *Cognition, Technology & Work* 7, Nº 1 (março de 2005): 63-68.

11. J. A. Anderson, P. Allopenna, G. S. Guralnik, D. Sheinberg, J. A. Santini Jr., S. Dimitriadi, B. B. Machat e B. T. Merritt, *Programming a Parallel Computer: The Ersatz Brain Project*, *Studies in Computational Intelligence* (SCI) 63 (2007): 61-98.

12. Também vale a pena verificar Jeff Hawkins, meu segundo caçador de neurônios preferido. Jeff fundou a Palm Pilot e a Handspring, mas sua verdadeira paixão era a neurociência. Ele escreveu um livro genial sobre a inteligência, naturalmente intitulado *On Intelligence* (New York: Times Books, 2004). Mais recentemente, ele criou um instituto de neurociência e uma empresa (Nuementa), com base em sua visão para a criação de uma máquina inteligente.

13. V.B. Mountcastle, *Introduction*, *Cerebral Cortex* 13 (janeiro de 2003): 2-4.

14. Anderson et al., *Programming a Parallel Computer: The Ersatz Brain Project*, 63.

Capítulo 2

1. *Inside the World of Google The Dalles*, (Dalles) *Chronicle*, 5 de agosto de 2007.

2. Para obter uma visão geral notável sobre a computação nas nuvens, ver George Gilder, *The Information Factories*, *Wired*, outubro de 2006.

3. Para saber mais sobre Bisciglia e obter uma descrição excelente da instalação do Google, ver Stephen Baker, *Google and the Wisdom of Clouds*, *BusinessWeek*, 13 de dezembro de 2007.

4. Ibid.

5. Ibid.

6. Ben Franklin disse isso em abril de 1778, quase cem anos antes de *A Origem das Espécies*, de Darwin.

7. Richard Dawkins, *The Selfish Gene* (Oxford: Oxford University Press, 1989). Em português: *O Gene Egoísta* (Ed. Companhia das Letras, 2007).

8. Ibid, 206.

9. André Leroi-Gourhan, *Gesture and Speech*, trans. Bostock Berger (Cambridge, MA: MIT Press, 1993), 236.

10. Clayton M. Christensen, *The Innovator's Dilemma: The Revolutionary Book That Will Change the Way You Do Business* (Boston: Harvard Business School Press, 1997).

11. Thomas Kuhn, em *A Estrutura das Revoluções Científicas*. (Ed. Perspectiva, 8ª Edição, 2003), propõe uma teoria de evolução não linear para descobertas científicas, em que um cientista audacioso muda completamente a história ao provar que um paradigma convencional está, na verdade, errado; Clayton Christensen fez o mesmo em relação aos negócios no *Dilema da Inovação*.

12. Richard Dawkins, *O Capelão do Diabo* (Ed. Companhia das Letras, 2005), 56.

13. Read Montague, *Your Brain Is (Almost) Perfect: How We Make Decisions* (New York: Penguin Group, 2006), 200.

14. Steven Pinker, *Como a Mente Funciona* (Ed. Companhia das Letras, 1998), 74.

15. A proposta de Von Neumann para a EDVAC se encontra em http://qss.stanford.edu/~godfrey/vonNeumann/vnedvac.pdf.

16. Ray Kurzweil, *A Era das Máquinas Espirituais* (Ed. Aleph, 2007).

17. Gilder, G. *The Information Factories*.

18. Urs Hölzle, em um discurso na CERN, citado no artigo *A Search Engine That's Becoming an Inventor*, The New York Times, 3 de julho de 2006.

19. Jeffrey Dean e Sanjay Ghemawat, *MapReduce: Simplified Data Processing on Large Clusters*, Communications of the ACM 51, N° 1 (janeiro de 2008): 107-113.

20. Ibid.

21. Mark Horowitz, *Visualizing Big Data: Bar Charts for Words*, Wired, 23 de junho de 2008.

22. Na verdade, anos antes da nuvem do Google, uma empresa adquirida pela United Online fez exatamente isso. A Juno, um ISP (provedor de serviços pela Internet) semelhante ao AOL, criou uma nuvem de computação paralela em grande escala usando computadores ociosos na Internet, criando o que veio a ser o maior supercomputador da história. Para obter uma análise da nuvem de supercomputação da Juno, ver *Juno to Harvest Wasted PC Power*, Associated Press, 1 de fevereiro de 2001.

23. Citação extraída de Gilder, G. *The Information Factories*.

24. Citação extraída de *A Search Engine That's Becoming an Inventor*.

Capítulo 3

1. www.netflix.com.

2. Ver www.netflixprixe.com; Jordan Ellenberg, *Wired, This Psychologist May Outsmart the Math Brains*, 25 de fevereiro de 2008; e David Leonhardt, *The New York Times, You Want Innovation? Offer a Prize*, 31 de janeiro de 2007.

3. Gerd Gigerenzer. *Gut Feelings: The Intelligence of the Unconscious* (New York: Penguin Books, 2007), 4.

4. Elkhonon Goldberg, *O Paradoxo da Sabedoria*. Ed. Melhoramentos, 2006, 21.

5. Elkhonon Goldberg, *The Wisdom Paradox: How Your Mind Can Grow Stronger as Your Brain Grows Older* (London: The Free Press, 2005), 48.

6. R. Maex, Erik De Schutter, *Resonant Synchronization in Heterogeneous Networks of Inhibitory Neurons*, The Journal of Neuroscience, 19 de novembro de 2003, 23(33)

7. Daniel C. Dennet, *Consciousness Explained* (New York: Little Brown & Co., 1991)

8. Ibid, 177.

9. R. Montague, *The Brain is (Almost) Perfect*, 83.

10. Steven Pinker, *Yes, Genes Can Be Selfish*, The Times (London), março de 2006, http://www.timesonline.co.uk/tol/news/uk/science/article736740.ece

11. Pinker, *Como a Mente Funciona*, 41.

12. Daniel Goleman, *Inteligência Emocional* (Ed. Objetiva, 1996), 28-30.

13. Ibid, 34-35.

14. James P. Hogan, *Mind Matters: Exploring the World of Artificial Intelligence* (New York: Del Rey/Ballantine, 1997), 119.

15. Ibid, 71.

16. Ibid, 65.

17. Para obter outros exemplos, ver S. A. Sloman, David Over, Lila Slovak e J. M. Stibel, *Frequently Illusions and Other Fallacies*, Organizational Behavior and Human Decision Processes 91, N° 2 (2003): 296-309.

18. Dan Ariely, *Previsivelmente Irracional – Como as Situações do Dia a Dia Influenciam as Nossas Decisões* (Ed. Campus/Elsevier, 2008).

19. Nassim Taleb, *A Lógica do Cisne Negro: O Impacto do Altamente Improvável* (Ed. Best Seller, 2008).

20. Stephen Jay Gould, *Full House* (New York: Three Rivers Press, 1996), 96. Gould

também fala sobre "o mito do progresso" e, diante dos acontecimentos referentes aos mercados financeiros de 2009, infelizmente, sou forçado a concordar com ele.

Capítulo 4

1. Herbert Simon, *Administrative Behavior* (New York: Free Press, 1947).

2. Para obter uma descrição fascinante e detalhada de Simon, ver James P. Hogan, *Mind Matters: Exploring the World of Artificial Intelligence* (New York: Del Rey/Ballantine, 1997).

3. Para obter detalhes, ver ibid., 119.

4. Henry Allen, *Gammonoid the Conqueror*, *Washington Post*, 17 de julho de 1979, B1.

5. Citação extraída de Stuart Russell e Peter Norvig. *Inteligência Artificial – Uma Abordagem Moderna* (Ed. Campus, 2ª Edição, 2004), página 22.

6. Citado em Michael Zey, *The Future Factor: Forces Transforming Human Destiny*. (Piscataway, NJ: Transaction Publishers, 2004), xx.

7. Malcolm Gladwell, *Blink: A Decisão num Piscar de Olhos* (Rio de Janeiro: Rocco 2005), 255.

8. Ibid, 256.

9. Alguns destes artigos de Gigerenzer estão em contradição com minha pesquisa de graduação. Mas não cabe a nós ficar contra suas ideias (afinal, talvez ele estivesse certo).

10. Gerd Gigerenzer, *Gut Feelings*: The Intelligence of the Unconscious (New York: Viking, 2007), 151.

11. Citação de Gladwell, *Blink: A Decisão num Piscar de Olhos*, 255; 300.

12. A. See, Jeffrey Stibel, Itiel Dror e Talia Bem-Zeev, *The Collapsing Choice Theory: Dissociating Choice and Judgment in Decision Making*, Theory and Decision 66, N° 2 (2009): 149-179.

13. B. Tversky e D. Kahneman, *Extension versus Intuitive Reasoning: The Conjunction Fallacy in Probability Judgment*, Psychological Review 90, N° 4 (outubro de 1983): 293-315. Para obter um resumo geral sobre a área, ver D. Kahneman, P. Slovic e A. Tversky (eds.) *Judgment Under Uncertainty: Heuristics and Biases* (Cambridge,UK: Cambridge University Press, 1982).

14. R. Hertwig e G. Gigerenzer, *The 'Conjunction Fallacy' Revisited: How Intelligent Inferences Look Like Reasoning Errors*, Journal of Behavioral Decision Making 12 (1999): 275-305; para obter um resumo geral, ver G. Gigerenzer, P. M. Todd e o ABC Research Group, *Simple Heuristics That Make Us Smart* (New York: Oxford University Press, 1999).

15. S. A. Sloman, David Over, Lila Slovak e J. M. Stibel, *Frequency Illusions and Other Fallacies*, Organizational Behavior and Human Decision Processes 91, N° 2 (2003): 296-309.

16. Dan teve a ideia dos "cupons que explodem", em que você tem pouco tempo (digamos, cinco segundos) para comprar algo com um grande desconto. Ele também ajudou a criar a caixa de ouro da Amazon.com, que oferece bons produtos com desconto, mas por um curto período.

17. Entrevista com Johnson na Amazon.com (http://www.amazon.de/exec/obidos/tg/feature/-/217324/ref%3Ded_cp_le_1_4/302-1180530-0945615). Ver também Steven Johnson, *Emergência – A Dinâmica de Rede em Formigas, Cérebros, Cidades e Softwares* (Ed. Zahar, 2003). Ver também Johnson, *De Cabeça Aberta: Conhecendo o Cérebro para Entender a Personalidade Humana* (Ed. Zahar, 2008).

18. Chris Anderson, *The Zen of Jeff Bezos*, revista *Wired*, janeiro de 2005.

Capítulo 5

1. Associated Press, *Amazing Memory Man Never Forgets*, reedição em CNN.com/health, 22 de fevereiro de 2008.

2. Elkhonon Goldberg, *The Wisdom Paradox* (New York: Gotham Books, 2005), 108. Goldberg escreve: "As memórias de eventos comuns, secundários continuam a se deteriorar muito rápido a cada hora, logo após os eventos, e essa deterioração é caracterizada por uma função de enorme poder. E ainda bem que isso ocorre."

3. Associated Press, *Amazing Memory Man Never Forgets*.

4. Goldberg, *The Wisdom Paradox*, 109.

5. Para obter uma análise fascinante e provocativa, ver Eric Kandel, *Em Busca da Memória: O Nascimento de uma Nova Ciência da Mente* (Ed. Companhia das Letras, 2009).

6. Joseph A. Schumpeter, *The Theory of Economic Development: An Inquiry into Profits, Capital, Credit, Interest and the Business Cycle* (Cambridge: Cambridge University Press, 1934).

7. Clayton M. Christensen, *Dilema da Inovação: Quando Novas Tecnologias Levam Empresas ao Fracasso* (São Paulo: Makron, 2001). É interessante observar que Schumpeter fala de "inovações não racionais". Parece se tratar exatamente das mesmas inovações a que Christensen se refere, que "não são realizadas tão bem". Ver, por exemplo, J. A. Schumpeter, *The Theory of Economic Development: An Inquiry into Profits, Capital, Credit, Interest and the Business Cycle* (Cambridge: Cambridge University Press, 1934).

8. C. Christensen, *Dilema da Inovação*, 10.

9. Stephen Jay Gould, *Full House: The Spread of Excellence from Plato to Darwin* (New York: Three Rivers Press, 1997).

10. Devo confessar que contratamos recentemente um presidente com muita experiência em *marketing*. Na verdade, o CEO e o presidente trabalharam na United Online, onde ajudaram a lançar no mercado as marcas Juno, NetZero e Classmates.com. Mas o tipo de *marketing* que fazem *on-line* difere muito de tudo que fizeram antes.

11. O NetZero e o Juno são exemplos de histórias de mudança para a melhor. Quando nossa equipe fez a fusão das duas empresas, conduzida pelo especialista em revitalização Mark Goldston, os produtos dessas empresas eram considerados inferiores. Na época (início de 2001), a empresa resultante da fusão valia US$ 70 milhões. Três anos depois, ela valia mais de US$ 1 bilhão. Em 2008, a rentabilidade ajustada era de aproximadamente US$ 800 milhões. Para obter uma excelente análise estratégica das revitalizações, ver Mark Goldston, *A Receita para Virar a Mesa – Reposicionando Empresas em Dificuldade* (Ed. Record, 1995).

12. Muitas destas ideias também estão ilustradas na obra clássica de Geoffrey Moore, *Crossing the Chasm: Marketing and Selling High-Tech Products to Mainstream Customers* (New York: HarperBusiness Essentials, 1991).

13. O *caching* se tornou uma indústria multibilionária. Provavelmente você ainda não ouviu falar nestes nomes, mas empresas tais como a Akamai Technologies, a Limelight e a Edgecast agora detêm mais de 15% do tráfego total na Internet (Torno público que faço parte do Conselho de Administração da Edgecast).

14. Os detalhes não são particularmente atraentes, mas a *Web* semântica nos abriu um mundo de possibilidades que poucos conhecem, mas muitos utilizam diariamente sem se dar conta disso: XML, RDF, OWL, SPARQL e RIF, linguagens que enriquecem e fortalecem a *Web*.

15. Para obter uma boa visão geral sobre o modelo *Web 2.0*, ver Dan Tapscott e Anthony Williams. *Wikinomics: Como a Colaboração em Massa Pode Mudar o seu Negócio* (Rio de Janeiro: Nova Fronteira, 2007) ou Charlene Li e Josh Bernoff. *Fenômenos Sociais nos Negócios – Vença em um Mundo Transformado pelas Redes Sociais* (Ed. Campus/Elsevier, 2009).

16. Tim Berners-Lee e Mark Fischetti, *Weaving the Web (*São Francisco: HarperSanFrancisco, 1999), capítulo 12.

Capítulo 6

1. O hipertexto foi desenvolvido por Andries van Dam (professor de ciência da computação da Brown) e pelo inventor Ted Nelson.

2. É claro que *sites* e neurônios não são análogos. Eles diferem sob vários aspectos:

os neurônios têm a capacidade de aumentar a força (ou o peso) de suas conexões, mas os *sites* só têm capacidade para fazer **associações** (pelo menos por enquanto). Os neurônios podem se conectar e se desenvolver sem a intervenção humana, mas os *sites* precisam de ajuda para se desenvolver. Os neurônios são simples e estúpidos como os indivíduos, mas se tornam infinitamente mais poderosos do que uma rede; não se pode dizer o mesmo dos *sites*. Os neurônios também apresentam a característica imprópria de "gotejar" substâncias químicas, mas os *sites* não fazem isso.

3. Wim van den Dungen, *Neurophilosophical Inquiries*, 2003, http://neuro.sofiatopia.org/brainmind.htm ; Dr. R. Joseph, *The Naked Neuron* (New York: Plenum Press, 1993); William Howells, *Getting Here* (Washington, DC: Compass, 1992).

4. Netcraft, Netcraft 2008 *Web* Server Survey, http://news.netcraft.com/archives/2008/12/index.html.

5. Daniel C. Dennett, *Consciousness Explained* (New York: Little Brown & Co., 1991).

6. Ver pesquisa do The Poynter Institute para obter um bom resumo e comparação de como lemos *sites versus* jornais. Por exemplo, contrário ao que descrevi em relação a *sites*, anteriormente, as pessoas tendem a ler jornais de cima para baixo, sem dar uma olhada geral na página inteira. As partes mais lidas de uma página da *Web*, em oposição, são o **lado esquerdo superior**, o **topo**, o **meio**, o **lado esquerdo** e o **lado direito**, seguidos da **parte inferior** da página. Quando estão *on-line*, os leitores tendem a dar uma olhada em páginas da *Web* em busca de conteúdo antes de ler mais atentamente uma página específica, e esse padrão permite isso. Portanto, *on-line*, os leitores optam por dar uma lida geral na página, em vez de fazer uma leitura metódica, como em um jornal. Isso significa que o conteúdo deve ser condensado nas manchetes e as informações mais importantes devem ser incluídas na parte superior, na **"zona quente"**. O The Poynter Institute realiza estudos anuais de *eye-tracking* e já fez muita pesquisa sobre o assunto.

7. A cegueira de *banners* é um fenômeno psicológico bem interessante que ocorre na *Web*. Após anos sendo incomodados por anúncios em *banners* que ficam piscando na tela, as pessoas inconscientemente passaram a ignorar os espaços em que *banners* apareciam com mais frequência. O termo foi criado por dois professores da Universidade Rice. Ver Jan Panero Benway e David M. Lane, *Banner Blindness: Web Searchers Often Miss 'Obvious' Links*, ITG Newsletter, dezembro de 1998.

8. *Answers Corp. Buys Dictionary.com* ThStreet.com, 16 de julho de 2007, http://www.thestreet.com/story/10368141/1/answers-corp-buys-dictionarycom.html.

9. ComScore Media Metrix, 2007.

10. *Answers.com Sees 28% Traffic Drop As Google Algorithm Changes; Will Dic-*

tionary.com Deal Go Through? Forbes, 2 de agosto de 2007; e Om Malik, *Answers. com Raises Questions About Google's Power*, 2 de agosto de 2007, http://gigaom.com/2007/08/02/answerscom-raises-questions-about-googles-power/.

11. Daniel C. Dennett, *Memes and the Exploitation of Imagination, Journal of Aesthetics and Art Criticism* 48 (1990): 131. Reimpresso cinco anos depois em Daniel C. Dennett, *A Perigosa Ideia de Darwin: A Evolução e os Significados da Vida* (Ed. Rocco, 1998). (A citação original substituiu "meio" por "veículo", mas prefiro **meio**).

Capítulo 7

1. O tema da conferência, apresentada pela Infornortics, era *Search Engines Today and the New Frontier, The Fifth Search Engine Meeting*.

2. Page conseguiu realizar uma mesa redonda para levar adiante a discussão.

3. Em determinado momento, Larry e eu ficamos entusiasmados ao discutirmos sobre o valor do tamanho de um mecanismo de busca *versus* sua capacidade de indexação e classificação de resultados. Parecíamos ser os dois únicos CEOs na conferência focados na qualidade dos resultados que apareciam na primeira página e não na quantidade de resultados gerados por um mecanismo de busca.

4. Terry Winograd, *Understanding Natural Language* (New York: Academic Press, 1972); Winograd, *Language as a Cognitive Process* (New York: Addison-Wesley, 1983); Winograd, *Understanding Computers and Cognition: A New Foundation for Design* (New York: Addison-Wesley, 1987).

5. Simpli.com é agora propriedade de uma empresa de publicidade *on-line* de capital aberto chamada ValueClick. Essa empresa também é proprietária da primeira patente para interfaces de mecanismo de busca.

6. Foi George Miller quem descobriu que nossa capacidade de lembrar coisas simples na memória de curto prazo era limitada a aproximadamente **sete tipos de informações**. Isso levou à criação do sistema de telefonia e a muitas outras inovações, todas girando em torno do que George denominou o **número mágico 7**. Para obter um dos documentos acadêmicos mais bem escritos até hoje, ver a tese de pós-graduação de George Miller: *The Magical Number Seven, Plus or Minus Two: Some Limits on Our Capacity for Processing Information, Psychological Review* 63 (1956): 81-97.

7. Para obter uma análise excelente, embora um pouco técnica, ver Christiane Fellbaum, ed., *WordNet: An Electronic Lexical Database* (Cambridge, MA: MIT Press, 1999).

8. Steven Pinker, *How the Mind Works* (New York: W. W. Norton & Company, 1999), 14.

9. Daniel C. Dennett, *Consciousness Explained* (New York: Little Brown & Co., 1991), 58.

10. Allan M. Collins e Elizabeth F. Loftus, *A Spreading-Activation Theory of Semantic Processing*, Psychological Review 82, N° 6 (novembro de 1975): 407-428.

11. Para apresentar esta visão geral, além do resumo sobre a lei de Zipf (mais adiante neste capítulo), contei com a colaboração de diversas pessoas: Jim Anderson, Paul Allopenna, Carl Dunham, Andrew Duchon, David Landan, John Santini, George Miller, Steve Reiss, Dan Ariely e a equipe inteira de ciência do cérebro da Simpli.com.

12. Stefanie Olsen, *Automated Search Ads Can Boomerang*, CNET News, 26 de setembro de 2003.

13. O nome da lei é uma homenagem ao linguista George Kingsley Zipf, que originalmente apresentou a teoria.

14. Chris Anderson, *A Cauda Longa – Do Mercado de Massa para o Mercado de Nicho* (Ed.Campus/Elsevier, 2006). Já existe uma versão em inglês revisada e atualizada: *The Long Tail: Why the Future of Business Is Selling Less of More* (New York: Hyperion, 2008).

15. McKinsey & Company, *Americans Received Six Billion Credit Card Offers Through Direct Mail*, 2007.

16. Katie Hafner, *Google Options Make Masseuse a Multimillionaire*, New York Times, 12 de novembro de 2007; Erick Schonfeld, *Counting the Google Millionaires*, TechCrunch, 12 de novembro de 2007.

17. Pesquisa anual da Compete.com, janeiro de 2007. *Sites* que superaram os concorrentes costumam ter usuários mais exclusivos e, mesmo assim, esses usuários em geral passam menos tempo no próprio *site*. O MySpace (11,9% do tempo *on-line*) e seu mais novo concorrente, o Facebook (1% do tempo *on-line*), são bons exemplos disso. Você encontra uma análise interessante sobre essas estatísticas no livro de Bill Tancer intitulado *Click: O Que Milhões de Pessoas Estão Fazendo On-Line e Por Que Isso é Importante* (Ed. Globo, 2009). Bill trabalha para a concorrente da Compete.com - a HitWise (cuja proprietária é a Experian).

18. http://www.google.com/corporate/tech.html e http://en.wikipedia.org/wiki/PageRank.

Capítulo 8

1. George Gilder, *Metcalfe's Law and Legacy*, Forbes, ASAP, 13 de setembro de 1993.

2. Al Gore, *Basic Principles for Building an Information Society*, USIA Electronic Journals 1, N° 12 (setembro de 1996).

3. http://en.wikipedia.org/wiki/Network_effect.

4. A única pessoa que parecia notar e compreender plenamente o que estava acon-

tecendo era Robert Shiller, um economista da Universidade de Yale. Na véspera da explosão da bolha, ele publicou *Exuberância Irracional* (Ed. Makron, 2000), descrevendo sua teoria, apresentando sua linha de raciocínio e explicando por que a lei de Metcalfe não poderia continuar a sustentar a bolha da Internet.

5. Bob Metcalfe (blogueiro convidado), *Framing the First Massachusetts Energy Summit*, blog de VCMike, 16 de dezembro de 2006.

6. Não confunda a lei de Metcalfe com a ideia original de Metcalfe. Sua lei, inventada e expandida por outras pessoas, talvez esteja equivocada, mas Metcalfe estava certo em seu pensamento original.

7. John E. Dowling, *Creating Mind: How the Brain Works* (New York: W.W. Norton & Company, 1998), 124.

8. S. M. Blinkov e I. I. Glezer, *The Human Brain in Figures and Tables: A Quantitative Handbook* (New York: Plenum Press, 1968).

9. John E. Dowling, *The Great Brain Debate: Nature or Nurture?* (Princeton, NJ: Princeton University Press, 2007), 140.

10. Para obter uma excelente análise do que é postulado pela teoria darwiniana em relação aos neurônios, ver Gerald Edelman, *Neural Darwinism: The Theory of Neuronal Group Selection* (New York: Basic Books, 1987).

11. C. R. F. Brandão e D. Agosti, *The Ant Colony Cycle*, American Museum of Natural History, 3 de janeiro de 1998, http://research.amnh.org/entomology/social_insects/ants/ant_colony_cycle.html.

12. E. Strohm e A. Bordon-Hauser, *Advantages and Disadvantages of Large Colony Size in a Halictid Bee: The Queen´s Perspective*, Behavioral Ecology 14, Nº 4 (maio de 2005): 546-553.

13. Stephen Budiansky, *The Physics of Gridlock: What Causes Traffic Jams? The Depressing Answer May Be Nothing at All*, Atlantic, dezembro de 2000.

14. Steven Johnson, *Emergência – A Dinâmica de Rede em Formigas, Cérebros, Cidades e Softwares* (Ed. Zahar, 2003). O primeiro diagrama de Johnson compara visualmente o cérebro humano com um mapa de Hamburgo, por volta de 1850. As semelhanças do mapa com o cérebro são impressionantes: ele tem redes de ruas que parecem regiões do cérebro, uma artéria central de um rio que escoa para uma área que lembra um tronco encefálico, regiões em paralelo aos hemisférios do cérebro e um perímetro externo cujo formato faz lembrar o córtex cerebral. Esta reprodução do mapa de Hamburgo é uma cortesia da Wikipedia em http://en.wikipedia.org/wiki/File:Map_hamburg_1800.png.

15. Steven Johnson, *Emergence: A Dinâmica de Rede em Formigas, Cérebros, Cidades e Softwares* (Ed. Zahar, 2003).

16. Citação extraída de ibid, 147.

17. Embora a lei de Metcalfe seja incompleta, isso não significa que o próprio Metcalfe não reconhecesse isso. Em um artigo recente, Metcalfe deu um palpite sobre nossa nova lei, incentivando seus críticos (grupo do qual não faço parte) a "dar uma olhada em minha pobre lei antiga" e "verificar se o valor de uma rede de fato começa a se perder quando ela atinge determinado tamanho". Ver Bob Metcalfe (blogueiro convidado), *Metcalfe's Law Recourses Down the Long Tail of Social Networks*, Blog de VCMike, 18 de agosto de 2006. Metcalfe acreditava realmente que existe (talvez) um ponto de retornos menores após determinado ponto em uma rede. Não estou tão certo de que ele tenha percebido que, à medida que a rede para de crescer, ela paradoxalmente se torna mais poderosa.

18. A Universidade de Illinois, em Urbana-Champaign, *The Brain Loses Neurons During Adolescence*, *ScienceDaily*, 19 de março de 2007.

Capítulo 9

1. Para obter um bom resumo da carreira de Rosenblatt, ver Erika Brown, *The Mixologist*, *Forbes*, 26 de setembro de 2007. Ou verifique uma das últimas edições da *Forbes*, em que Rosenblatt foi comparado a Adrian Grenier (Vince Chase da série *Entourage* da HBO).

2. Arquivos da SEC, Intermix Media/Inc., 24 de fevereiro de 2004.

3. O MySpace foi oficialmente criado por Chris DeWolf, Josh Berman e Tom Anderson. A história por trás da verdadeira criação é um pouco mais interessante porque muitos outros alegam que são cofundadores, incluindo Brad Greenspan, ex-CEO da eUniverse. Visite www.freemyspace.com para obter mais detalhes (ou pelo menos as opiniões de Greenspan). Em relação a Classmates.com, o cofundador do MySpace Chris DeWolfe reconhece Classmates.com como a rede social original em entrevista para a BBC, em dezembro de 2006, http://news.bbc.co.uk/1/hi/programmes/click_online/6197914.stm.

4. Andrew Leonard, *You Are Who You Know*, Salon.com, 16 de junho de 2004.

5. Classmates.com ainda era um tremendo sucesso para o United Online e continua a ser o maior vetor de crescimento da empresa, embora os padrões de redes sociais apontem que esse crescimento seja relativamente pequeno, não chegando a triplicar em sete anos. Ver Associated Press, *IPO Spotlight: Classmates Media*, 10 de dezembro de 2007.

6. Anita Hamilton, *100,000 Friends: On Friendster.com, Nobody's a Stranger for Long*, *Time*, 17 de novembro de 2003 e *Breakouts 2003*, *Entertainment Weekly*, 12 de dezembro de 2003.

7. Max Chafkin, *How to Kill a Great Idea! Inc.*, junho de 2007.
8. Daniel Terdiman, *Friendster's Fakester Buddies*, *Wired*, 12 de julho de 2004.
9. *Attack of the Smartasses*, *SF Weekly*, 13 de agosto de 2004.
10. Patricia Sellers, *MySpace Cowboys*, *Fortune*, 29 de agosto de 2006.
11. Chafkin, *How to Kill a Great Idea!*
12. Pete Cashmore, *MySpace Hits 100 Million Accounts*, Mashable.com, 9 de agosto de 2006.
13. Para obter um bom resumo estatístico das diversas redes sociais, visite http://www.*Web*-strategist.com/blog/2008/01/09/social-network-stats-facebook-myspace-reunion-jan-2008/.
14. Steve Rosenbush, *News Corp.'s Place in MySpace*, *BusinessWeek*, 19 de julho de 2005.
15. *Google Signs US$ 900m News Corp Deal*, BBC News, 7 de agosto de 2006.
16. Andrew Meyer, *News Corp: MySpace Worth US$ 6 Billion*, *TechCrunch*, 15 de novembro de 2006. Um dos fundadores do MySpace alega que o MySpace vale mais de US$20 bilhões (ver *MySpace Founder Seeks Inquiry: The Ousted Executive Says News Corp. 'Bilked' Investors Out of Billions in Its Deal for the Site*, *The Los Angeles Times*, 6 de outubro de 2006). Para obter uma visão interessante sobre as tolices do MySpace, ver Julia Angwin, *Stealing MySpace: The Battle to Control the Most Popular Website in America*, 2009.
17. Kevin Poulsen, *Pillaged MySpace Photos Show Up in Massive BitTorrent Download*, *Wired*, 23 de janeiro de 2008.
18. Peter Kafka, *MySpace Clips Facebook in January, but Both Slowing*, *Silicon Valley Insider*, 11 de fevereiro de 2008.
19. Até mesmo a busca por nomes incomuns, como Mary Lincoln, se torna problemática (são geradas cinco páginas com mais de 500 variações do mesmo nome).
20. Chloe Albanesius, *MySpace, Attorneys General Target On-line Predators*, *PC Magazine*, 14 de janeiro de 2008. Para ler o relatório dos procuradores-gerais, visite http://ago.mo.gov/newsreleases/2008/pdf/MySpace-JointStatement0108.pdf.
21. Na época em que este manuscrito foi enviado, o Facebook já tinha superado o MySpace. Isso foi em novembro de 2008. E, quando o livro estava no editorial, o diretor do Facebook (e fundador do Netscape), Marc Andreessen, relatou, em entrevista no *Charlie Rose Show*, em 22 de fevereiro de 2009, que o Facebook já tinha mais de 174 milhões de usuários. Há boatos de que o Facebook já tenha superado a marca de 200 milhões de usuários.
22. Foram escritos diversos artigos sobre a história do Facebook. O melhor local para obter uma visão geral é Wikipedia.org/wiki/Facebook.

23. Sarah Phillips, *A Brief History of Facebook*, Guardian, 25 de julho de 2007.

24. Para saber mais sobre o Founder's Fund, ver www.foundersfund.com. A equipe tem um histórico impressionante, inclusive sobre o LinkedIn, o PayPal, o Friendter, o Xoom.com e o Facebook.

25. Kevin Delaney, *Facebook, Riding a Web Trend, Flirts with a Big-Money Deal*, The Wall Street Journal Online, 21 de setembro de 2006, http://online.wsj.com/article/SB115880835590769754.html?mod=home_whats_news_us.

26. Pete Cashmore, *Facebook's Massive Growth: Hits 30 Million Active Users*, Mashable.com, 10 de julho de 2007.

27. Microsoft, *Facebook and Microsoft Expand Strategic Alliance*, Press Release, 24 de outubro de 2007.

28. R. W. Williams e K. Herrup, *The Control of Neuron Number*, Annual Review of Neuroscience 11 (1988): 423-453.

29. www.facebook.com/networks/networks.php.

30. Bem Gold, *Facebook Hammers MySpace on Key Features*, Mashable.com, 10 de junho de 2007.

31. Roddy Lindsay, *We're Making Lexicon Better*, Facebook, comunicado à imprensa, 19 de setembro de 2008. Hoje, o número aproximado de usuários já ultrapassa 200 milhões. Na época da tradução do livro para o português (final de 2011), o Facebook já tinha 750 milhões de usuários.

32. Anne Barnard, *Facebook Agrees to More Safeguards*, New York Times, 17 de outubro de 2007.

33. Stephanie Reitz, Associated Press, *Facebook, States Set Predator Safeguards*, 8 de maio de 2008.

34. *Primates on Facebook*, The Economist, 26 de fevereiro de 2009.

35. Ver R. I. M. Dunbar, *Neocortex Size as a Constraint on Group Size in Primates*, Journal of Human Evolution 22 (1992): 469-493; ou R. I. M. Dunbar, *Coevolution of Neocortical Size, Group Size And Language in Humans*, Behavioral and Brain Sciences 16, N° 4 (1993): 681-735.

36. Bob Metcalfe, *From the Ether*, InfoWorld, 4 de dezembro de 1995.

37. Bob Metcalfe, *The Internet After the Fad*, discurso, Universidade de Virginia, 30 de maio de 1996, http://americanhistory.si.edu/collections/comphist/montic/metcalfe.htm.

38. *Bob Metcalfe on What's Wrong with the Internet: It's the Economy, Stupid*, IEEE Internet Computing 1, N° 2 (março de 1997): 6-17. O vírus é um incômodo (como no caso do vírus Creeper, que simplesmente enviou uma mensagem dizendo "Quero ver você me pegar" na década de 1970), ou ele pode causar sérios danos, como no caso de Melissa, que interrompeu o sistema inteiro de comunicação via Internet em 1999.

Um dos piores vírus já registrados foi o *I Love You*. Quantos de nós não se lembram de ter recebido uma mensagem de *e-mail* do mesmo remetente, que demonstrava tudo, menos amor? No final, desmontei os sistemas de *e-mail* do Pentágono, da CIA e do Parlamento Britânico, fechei vários *sites* de empresas, destruí e apaguei milhões de documentos. Isso representou um custo aproximado entre US$ 5 e US$ 15 bilhões para a economia mundial.

Esse tipo de vírus é muito prejudicial porque ele tem a capacidade de autorreprodução. Os vírus saltam de um computador para outro via Internet; eles se reproduzem, se modificam e se espalham como ervas daninhas na *Web*. Richard Dawkins disse que a vida artificial era possível muitos anos antes do advento do vírus, quando ele considerava os computadores "coisas vivas honorárias". Mas restava aos vírus convencer as legiões de biólogos, como John Maynard Smith, a acreditarem na possibilidade da "evolução artificial". Um antropólogo biológico de Oxford, Robert Aunger - no livro *Electric Meme: A New Theory of How We Think* (New York: Free Press, 2002) - vai mais além e comenta: "Esta é a verdadeira evolução. Ela envolve até mesmo a reprodução" (119). No início, esta perspectiva era tão preocupante, tanto quanto o fora a teoria original de Darwin, que Aunger se recorda de que "incidentes com vírus eram considerados por muitas pessoas como lendas urbanas (como os boatos sobre a existência de jacarés nas redes de esgotos de Nova York)" (122).

39. Leslie Helm, *America Online Finds It Can't Handle the Load*, The Los Angeles Times, 2 de fevereiro de 1994.

40. Doug Abrahms, *Outage's Fallout Shows Just How On-line America Is*, The Washington Times, agosto de 1996.

41. Steve Lohr, *Refunds Planned by America Online in Network Jam*, The New York Times, 30 de janeiro de 1997.

42. Simson Garfinkel, *50 Ways to Crash the Net*, Wired, 19 de agosto de 1997.

43. Ryan Singel, *U.S.A. Has Launched a Cyber Security 'Manhattan Project', Homeland Security Chief Claims*, Wired, 8 de abril de 2008.

44. Desde novembro de 2008, só consigo apontar doze críticos e acadêmicos de alto prestígio que acreditam que a Internet tende a entrar em colapso em algum momento entre hoje e 2015.

45. Steve Lohr, *Video Road Hogs Stir Fear of Internet Traffic Jam*, The New York Times, 13 de março de 2008. Ver também *Cisco, Approaching the Zettabyte Era*, junho de 2008, ou *Morgan Stanley Tech Trends*, de Mary Meeker, março de 2009, 47.

46. Isso ocorreu na Sexta Conferência da *World Wide Web*, em Santa Clara, Califórnia, em 10 de abril de 1997.

Capítulo 10

1. Para obter uma análise excelente sobre este assunto fascinante, ver B. L. Beyerstein, *Whence Cometh the Myth That We Only Use 10% of Our Brains?* em *Mind Myths: Exploring Popular Assumptions about the Mind and Brain*, ed. S. DellaSala (Chichester: John Wiley and Sons, 1999), 3-24.

2. K. L. Higbee e S. L. Clay, *College Students'Beliefs in the Ten-Percent Myth*, *Journal of Psychology* 132 (1998), 3-24.

3. William James, *The Energies of Men*, *Science* 25, N° 635 (1907): 321-332.

4. Eric Chudler, *Myths About the Brains: 10 percent and Counting*, University of Washington in Seattle, BrainConnection.com.

5. Citação extraída de Dale Carnegie, *Como Fazer Amigos e Influenciar Pessoas* (Ed. Ibep Nacional, 2000).

6. Citação extraída de Robynne Boyde, *Do People Only Use 10 Percent of Their Brains? Scientific American*, 7 de fevereiro de 2008.

7. Para obter uma análise notável da tecnologia envolvida em imagiologias cerebrais e dos mecanismos psicológicos subjacentes registrados, ver Michael J. Posner e Marcus E. Raichle, *Images of Mind* (New York: Scientific American Library, 1994).

8. O nome da empresa e o nome do seu proprietário apresentados neste exemplo são fictícios.

9. Michael Barbaro e Tom Zeller Jr., *A Face Is Exposed for AOL Searcher N° 4417749*, *The New York Times*, 9 de agosto de 2006. Esses pensamentos são expandidos em Hal Abelson, Ken Ledeen e Harry Lewis, *Blown to Bits: Your Life, Liberty, and Happiness After the Digital Explosion*. (New York: Pearson Education, 2008).

10. http://blogs.wsj.com/health/2009/03/13/google-searches-as-early-warning-for-disease-outbreaks/?mod=yahoo-hs

11. O eletroencefalograma mede a atividade elétrica cerebral e costuma ser usado por médicos e pesquisadores, mas vários empreendedores promissores consideram-na útil em diversos tipos de experiências divertidas.

12. Zeo é uma empresa *start-up* da Universidade Brown, fundada por um grupo de alunos. Eu era membro do Conselho de Administração da empresa, na sua fundação. Jim Anderson faz parte do nosso conselho consultivo.

13. Scott Kirsner, *A Gentler Way to Start the Day*, *The Boston Globe*, 28 de março de 2005.

14. *Brain Chip Offers Hope for Paralyzed*, CNN, 21 de outubro de 2004.

15. Richard Martin, *Mind Control*, *Wired*, março de 2005.

16. O *gizmag* apresenta um artigo interessante sobre o BrainGate que destaca o potencial de implantes de memória (e descreve o otimismo cauteloso da equipe do

BrainGate): *'BrainGate' Brain-Machine-Interface takes shape*, *gizmag*, 7 de dezembro de 2004, http://www.gizmag.com/go/3503/3.

Capítulo 11

1. A prostituta em questão, contudo, não era menor de idade. E Spitzer nunca foi considerado culpado por algum crime.

2. Michael Arrington, *Yahoo´s Helpful Shortcut to Pictures of Underage Girls*, TechCrunch, 5 de julho de 2008.

3. Alex Gomez, *Wildfire Imperils Yosemite*, USA Today, 30 de julho de 2008.

4. J. S. Stibel, *The Role of Explanation in Categorization Decisions*, International Journal of Psychology 41, N° 2 (2006).

5. O conceito de "fantasma na máquina" na verdade foi criado anos depois pelo renomado filósofo Gilbert Ryle, que fez uma crítica desoladora sobre a noção de que existe de tudo dentro de nossa cabeça, menos um cérebro. Gilbert Ryle, *The Concept of Mind*, edição da New University of Chicago Press, (Chicago: University of Chicago Press, 2002 [1949]).

6. Deborah M. Gordon, Universidade de Stanford (ver http://www.stanford.edu/dept/news/pr/93/931115Arc3062.html).

7. Para obter um bom resumo, ver Constance Holden, *What´s in a Chimp´s Toolbox? Science*, 7 de outubro de 2004, 2.

8. *'Talking' Gorilla Demands Dentist*, BBC News, 9 de agosto de 2004.

9. Ver Joshua M. Plotnik, Frans B. M. de Waal e Diana Reiss, *Self-Recognition in an Asian Elephant*, Proceedings of the National Academy of Sciences 103 (13 de setembro de 2006): 17053-17057. Parece que os golfinhos não conseguem se reconhecer no espelho. Ver Diana Reiss e Lori Marino, *Mirror Self-Recognition in the Bottlenose Dolphin: A Case of Cognitive Convergence*, Proceedings of the National Academy of Sciences 98 (1 de maio de 2001): 5937-5942.

10. Steven Pinker, *How the Mind Works* (New York: W. W. Norton & Company, 1999), 146. Já existe tradução do livro para o português: *Como a Mente Funciona* (Ed. Companhia das Letras, 1998).

11. Para obter uma biografia excelente de Kurzweil, basta pedir ao próprio Ray: http://www.kurzweiltech.com/raybio.html.

12. Ray Kurzweil, *The Age of the Spiritual Machines* (New York: Penguin Books, 1999), 202-209. Em português: *A Era das Máquinas Espirituais*. Ed. Aleph, 2007.

13. Ibid, 220-224.

14. Ibid, 189-198.

15. William James, *The Principles of Psychology* (New York: Henry Holt and Company, 1981 [1890]), 180.

16. Ver, por exemplo, Jeff Stibel, *The Internet & the Brain*, http://blogs.harvardbusiness.org/stibel/. Este artigo da *Harvard Business Review* explica como pensar algo pode gerar as mesmas memórias geradas quando fazemos algo.

17. Para obter um argumento clássico para o posicionamento de mensagens no cérebro, ver Al Ries e Jack Trout, *Posicionamento: A Batalha por Sua Mente* (Ed. Makron, 2004).

18. *Second Life*, Wikipédia, http://en.wikipedia.org/wiki/Second_Life.

19. Em outro sentido real, a capacidade cognitiva e a tecnologia ficam confusas quando é preciso avaliar como as pessoas são atingidas pela tecnologia em geral. Como o psicólogo Itiel Dror disse, a tecnologia está "afetando e mudando de maneira ativa a própria capacidade cognitiva humana". Ver Itiel Dror, *Gold Mines and Land Mines in Cognitive Technologies*, *Cognitive Technologies and the Pragmatics of Cognition*, ed. Itiel Dror (Amsterdam: John Benjamins, 2007), 1-2. Ver também Itiel E. Dror e Robin D. Thomas, *The Cognitive Neuroscience Laboratory*: *A Framework for the Science of Mind*, em Christina E. Erneling e David Martel Johnson, Eds., The Mind as a Scientific Object: Between Brain and Culture (New York: Oxford University Press, 2005), 283-292. Para obter mais detalhes, visite http://www.ecs.soton ou envie mensagens para id@ecs.soton.ac.uk. O livro inteiro, de autoria de Erneling e Johnson, é fascinante.

20. Ver, por exemplo, *'Virtual Theft' Leads to Arrest*, BBC News, 14 de novembro de 2007.

21. Matt Chapman, *Dutch Teen Arrested for Habbo Hotel Thefts*, iTnews, 16 de novembro de 2007.

22. Anshe Chung se tornou oficialmente a primeira milionária de *Second Life* em 2006 como resultado do valor de suas participações em negócios imobiliários em *Second Life*. Ver Rob Hof, *Second Life's First Millionaire*, *BusinessWeek*, 26 de novembro de 2006.

23. Esta expressão foi extraída de um ensaio de 1927, escrito por W. Livingston Larned, entitulado *O Pai Perdoa*, originalmente publicado no agora extinto *People's Home Journal*. Nesta obra magnífica, Larned percebe que estava julgando seu filho pelos padrões da sua própria vida. Decidi incluir a citação porque é um ensaio atemporal sobre a paternidade e também porque se encaixa na visão da Internet como jovem e em pleno crescimento.

24. Não há motivo para pensar nisso como dualismo. Muito pelo contrário: não estou me referindo aos homúnculos, mas sim às entidades que surgem da conectividade neural de uma única mente conectada. Existe certa evidência de que isso existe na natureza. E. O. Wilson e seus colegas estudam há anos o comportamento das formigas e

demonstraram a capacidade de mais de uma **inteligência coletiva** emergir de formigas individuais e também entre colônias. Ver, por exemplo, Edward O. Wilson, *The Insect Societies* (Cambridge, MA: Belknap Press of Harvard University Press, 1971); Bert Hölldobler e Edward O. Wilson, *The Ants* (Cambridge, MA: Belknap Press of Harvard University Press, 1990); Bert Hölldobler e Edward O. Wilson, *The Superorganism: The Beauty, Elegance, and Strangeness Of Insect Societies* (New York: W. W. Norton & Company, 2009).

25. John Markoff, *Entrepreneurs See a Web Guided by Common Sense*, The New York Times, 11 de novembro de 2006.

26. Doug e eu tivemos muitas conversas em 2009 sobre a possibilidade de fusão das nossas duas empresas (Simpli.com e CYC), Nada foi concretizado, mas, em retrospectiva, acho que teria sido muito divertido trabalhar com Doug.

27. Jeffrey Goldsmith, entrevista com Doug Lenatm *CYC-O*, *Wired*, abril de 1994.

28. David G. Stork e Michael O Connell, *Evolution Intelligence: Daniel C. Dennet Interview*, 2001: Hal´s Legacy, www.2001halslegacy.com/interviews/dennett2.html.

29. Para os mais ousados, deixo a seguinte citação: "[À medida que] as máquinas se tornarem mais inteligentes, as pessoas permitirão que elas tomem mais decisões para elas, simplesmente porque as decisões tomadas por máquinas trarão resultados melhores do que aquelas tomadas por homens. No final, poderá ser alcançado um estágio tal em que as decisões necessárias para manter o sistema em operação sejam tão complexas que os seres humanos se vejam incapazes de tomar essas decisões de maneira inteligente. Nesse estágio, as máquinas estarão em **controle efetivo**. As pessoas não poderão simplesmente desligá-las: elas serão tão dependentes dessas máquinas que, ao desligá-las, será como um suicídio." Ela foi extraída de Ted Kaczynski (o Unabomber) em *The Unabomber Manifesto* (Nicholas Carr, *A Grande Mudança – Reconectando o Mundo, de Thomas Edison ao Google*. Ed. Landscape, 2008). Às vezes, não conseguimos fazer uma distinção clara entre genialidade e insanidade... É óbvio que meu editor me aconselhou a não concluir o livro com uma citação do *Unabomber*.

Epílogo

1. Seu nome é Massimiliano (Massi) Ciaramita. Ele é meu amigo e me ajudou a iniciar a Simpli.com quando ainda éramos colegas na Brown. Por isso, tenho maior liberdade com ele. Não tenho absoluta certeza, por exemplo, de que seu carro de aluguel em Sunnyvale era um *Mustang* verde. Em novembro de 2008, Massi saiu do Yahoo! para trabalhar no centro de pesquisa da Google, em Zurique.

BIBLIOGRAFIA

Abelson, H., Ledeen K. e Lewis H. *Blown to Bits: Your Life, Liberty, and Happiness After the Digital Explosion.* Upper Saddle River, NJ: Addison-Wesley Professional, 2008.

Anderson, Chris. *A Cauda Longa – Do Mercado de Massa para o Mercado de Nicho.* Ed.Campus/Elsevier, 2006.

Anderson, James A. *An Introduction to Neural Networks.* Cambridge, MA: MIT Press, 1995.

Anderson, James A. e Rosenfeld E. *Talking Nets: An Oral History of Neural Network Research,* Cambridge, MA: MIT Press, 1998.

Anderson, James A., Allopenna P., Guralnik G.S., Sheinberg D., Santini Jr. J.A., Dimitriadis S., Machta B.B. e Merritt B.T. *Programming a Parallel Computer: The Ersatz Brain Project. Studies in Computational Intelligence* 63 (2007): 61-98.

Anderson, J.R. *The Adaptive Character of Thought.* Hillside, NJ: Erlbaum, 1990.

Ariely, Dan. *Previsivelmente Irracional – Como as Situações do Dia a Dia Influenciam as nossas Decisões.* Ed. Campus/Elsevier, 2008.

Aunger, Robert. *The Electric Meme: A New Theory of How We Think.* New York: The Free Press, 2002.

Baldwin, Neil. *Edison: Inventing the Century.* New York: Hyperion Books, 1996.

Bar-Hillel, M. e Neter E. *How Alike Is It Versus How Likely Is It: A Disjunction Fallacy in Probability Judgments. Journal of Personality and Social Psychology* 65 (1993): 1119-1131.

Barabási, A.L. *Linked: A Nova Ciência dos Networks.* Leopardo Editora, 2009.

Benway, J.P. *Banner Blindness: The Irony of Attention Grabbing on the World Wide Web, Proceedings of the Human Factors and Ergonomics Society Annual Meeting* 1 (1998): 463-467.

Benway, J.P. e David M. L. *Banner Blindness: Web Searchers Often Miss 'Obvious' Links. Internetworking* 1.3, 1998.

Berners-Lee, Tim e Fischetti M. *Weaving the Web: The Original Design and Ultimate Destiny of the World Wide Web By Its Inventor.* San Francisco: HarperSanFrancisco, 1999.

Blinkov, S.M. e Glezer I.I. *The Human Brain in Figures and Tables. A Quantitative Handbook*. New York: Plenum Press, 1968.

Bloom, P. *Intention, History and Artifact Concepts. Cognition* 60 (1996): 1-29

Brafman, O. e Brafman R. *A Força do Absurdo: O que Faz as Pessoas Tomarem Atitudes Irracionais no Dia a Dia*. Ed. Objetiva, 2009.

Brockman, J. *What is Your Dangerous Idea? Today's Leading Thinkers on the Unthinkable*. New York: Harper, 2007.

Carnegie, D. *How to Win Friends and Influence People*. New York: Simon and Schuster, 1936.

Carr, Nicholas. *A Grande Mudança – Reconectando o Mundo, de Thomas Edison ao Google*. Ed. Landscape, 2008.

Chesbrough, H. *Managing False Negatives, Harvard Management Update* 8, no.8, 2003.

Christensen, C. M, *O Dilema da Inovação: Quando Novas Tecnologias Levam Empresas ao Fracasso*. São Paulo:Makron Books, 1997.

Chu, C.T., Kim S.K., Lin Y.A., Yu Y.Y., Bradski G., Ng A.Y. e Olukotun K. *Map-Reduce for Machine Learning on Multicore. Advances in Neural Information Processing Systems*, 19 (2007): 281-288.

Clapton, E. *Clapton: The Autobiography*. New York: Broadway Books, 2007.

Collins, A. M. e Loftus E. F. *A Spreading-Activation Theory of Semantic Processing. Psychological Review*, 82 (1975): 405-428.

Collins, J. C. e Porras, J.I. *Feitas para Durar - Práticas bem-sucedidas de empresas visionárias*. Ed. Rocco, 2007.

Cosmides, L. e Tooby, J. *Are Humans Good Intuitive Statisticians After All? Rethinking Some Conclusions from the Literature On Judgment Under Uncertainty. Cognition* 58 (1996): 1-73.

Damasio, A. R. *Em Busca de Espinosa – Prazer e Dor na Ciência dos Sentimentos*. Ed. Companhia das Letras, 2004

Darwin, Charles. *On the Origin of Species by Means of Natural Selection, or the Preservation of Favoured Races in the Struggle for Life*. London: John Murray, 1859.

_____. *The Descent of Man, and Selection in Relation to Sex*. London: John Murray, 1871.

Dawkins, Richard. *O Gene Egoísta*. Ed. Companhia das Letras, 2007.

_____. *O Capelão do Diabo*. Ed. Companhia das Letras, 2005.

_____. *O Relojoeiro Cego – A Teoria da Evolução contra o Desígnio Divino*. Ed. Companhia das Letras, 2001.

Dean, J. e Ghemawat S. *MapReduce: Simplified Data Processing on Large Clusters. Communications of the ACM* 51, Nº 1 (2008): 107-114.

Della Sala, S. *Mind Myths. Exploring Popular Assumptions about the Mind and Brain*. Chichester , Reino Unido: John Wiley and Sons, 1999.

Dennett, D. C. *Consciousness Explained*. New York: Little Brown & Co., 1981.

_____. *A Perigosa Ideia de Darwin: A Evolução e os Significados da Vida*. Ed. Rocco, 1998.

Descartes, R. *The Philosophical Writings of Descartes*. Cottingham, J., Stoothoff, R., Kenny, A. e Murdoch, D., trans. Cambridge, MA: Cambridge University Press, 1988.

Donoghue, J. P. *Bridging the Brain to the World: A Perspective on Neural Interface Systems. Neuron* 60, 6 de novembro (3): 511-521, 2008.

_____. *Limits of Reorganization in Cortical Circuits. Cerebral Cortex* 7, N° 2 (1997):97-99.

Donoghue, J. P., Nurmikko A., Black M. e Hochberg L. R. *Assistive Technology and Robotic Control Using Motor Cortex Ensemble-Based Neural Interface Systems in Humans with Tetraplegia. Journal of Physiology* 579, N° 3 (2007) 603-611.

Dowling, J. *The Great Brain Debate: Nature or Nurture?* Princeton: Princeton University Press, 2007.

Edelman, G. M. *Neural Darwinism: The Theory of Neuronal Group Selection*. New York: Basic Books, 1987.

Elsayed, T., Lin J. e Oard D. *Pairwise Document Similarity in Large Collections with MapReduce*. Annual Meeting of the Association for Computational Linguistics 2, N° 46 (2008): 265-268.

Fellbaum, C. *WordNet: An Electronic Lexical Database*. Cambridge, MA: MIT Press, 1999.

Fiedler, K. *The Dependence of the Conjunction Fallacy on Subtle Linguistic Factors. Psychological Research* 50 (1998): 123-129.

Fox, C. R. e Rottenstreich Y. *Partition Priming in Judgment Under Uncertainty. Psychological Science* 14 (2003): 195-200.

Gates, B. *A Empresa na Velocidade do Pensamento com um Sistema Nervoso Digital*. Ed. Companhia das Letras, 1999.

Gigerenzer, G. *Gut Feelings: The Intelligence of the Unconscious*. New York: Viking, 2007.

_____. *The Irrationality Paradox*. Behavioral and Brain Sciences 27 (2004): 336-338.

_____. *How to Make Cognitive Illusions Disappear: Beyond Heuristics And Biases. European Review of Social Psychology* 2 (1991): 83-115.

Gigerenzer, G. e Hoffrage U. *How to Improve Bayesian Reasoning Without Instruction: Frequency Formats*. Psychological Review 102 (1995): 684-704.

Gilovich, T., Medvec V. H. e Chen S. *Commission, Omission, and Dissonance*

Reduction: Coping with Regret in the Monty Hall Problem. *Personality and Social Psychology Bulletin* 21 (1995): 182-190.

Gladwell, M. *Blink: A Decisão Num Piscar de Olhos*. Rio de Janeiro: Rocco, 2005.

_____. *O Ponto da Virada – The Tipping Point*. Ed. Sextante, 2009.

_____. *Fora de Série – Outliers*. Ed. Sextante, 2008.

Goldberg, E. *O Paradoxo da Sabedoria*. Ed. Melhoramentos, 2006.

Goldston, M. *A Receita para Virar a Mesa – Reposicionando Empresas em Dificuldade*. Ed. Record, 1995.

Goleman, D. *Inteligência Emocional*. Ed. Objetiva, 1996.

Gore, A. *Basic Principles for Building an Information Society. Information, Communication & Education* 15, Nº 2 (1996): 226-228.

Gould, S. J. *Full House: The Spread of Excellence from Plato to Darwin*. New York: Three Rivers Press, 1996.

Grove, A. *Só os Paranoicos Sobrevivem - Como Tirar Melhor Proveito das Crises que Desafiam*. Ed. Futura, 1997.

Haven, K. F. *Marvels of Science: 50 Fascinating 5-Minute Reads*. Englewood: Libraries Unlimited, 1994.

Hawkins, J. *On Intelligence*. New York: Times Books, 2004.

Hertwig, R. e Gigerenzer G. *The 'Conjunction Fallacy' Revisited: How Intelligent Inferences Look Like Reasoning Errors. Journal of Behavioral Decision Making* 12, no. 4 (1999): 275-305.

Higbee, K. L. e Clay S. L. *'College Students' Beliefs in the Ten-Percent Myth. Journal of Psychology* 132, no. 5 (1998): 469-476.

Hinton, G. E. e Anderson J. A. *Parallel Models for Associative Memory*. Hillsdale, NJ: Erlbaum Associates, 1981.

Hochberg, L. R., Serruya M.D., Friehs G. M., Mukand J. A., Saleh M., Caplan A. H., Branner A., Chen D., Penn R. D. e Donoghue J. P. *Neuronal Ensemble Controlo f Prosthetic Devices by a Human with Tetraplegia. Nature* 442, Nº 7099 (2006): 164-171.

Hofstadter, D. *I Am a Strange Loop*. New York: Basic Books, 2007.

_____. *Godel, Escher e Bach – Um Entrelaçamento de Gênios Brilhantes*. Ed. IMESP, 2001.

Hofstadter, D. e Dennett D. C. *The Mind's I: Fantasies and Reflections on Self and Soul*. New York: Basic Books, 1981.

Hogan, J. *Mind Matters: Exploring the World of Artificial Intelligence*. New York: Del Rey Books, 1997.

Howells, W. *Getting Here: The Story of Human Evolution*. Washington, DC: Compass Press, 1992.

James, W. *The Energies of Men, Science* 25, Nº 635 (1907), 321-332.

_____. *The Principles of Psychology*. New York: Henry Holt and Company, 1890.

Johnson, S. *Emergência – A Dinâmica de Rede em Formigas, Cérebros, Cidades e Softwares.* Ed. Zahar, 2003.

_____. *De Cabeça Aberta: Conhecendo o Cérebro para Entender a Personalidade Humana.* Ed. Zahar, 2008.

Johnson-Laird, P. N. *Mental Models: Towards a Cognitive Science of Language, Inference, and Consciousness.* Cambridge, MA: Harvard University Press, 1983.

Johnson-Laird, P. N., Legrenzi P., Girotto V. e Legrenzi M. S. *Probability: A Mental Model of Extensional Reasoning. Psychological Review* 106 (1999): 62-88.

Joseph, R. *The Naked Neuron: Evolution and the Languages of the Body and Brain.* New York: Plenum Press, 1993.

Kahneman, D., Slovic P. e Tversky A. *Judgment Under Uncertainty: Heuristics and Biases.* Cambridge/New York: Cambridge University Press, 1982.

Kahneman, D. e Tversky A. *On the Psychology of Prediction. Psychological Review* 80 (1973): 237-251.

Kandel, E. R. *Em Busca da Memória: O Nascimento de uma Nova Ciência da Mente.* Ed. Companhia das Letras, 2009.

Kaplan, R. S., Norton, D. P., Friedman, S. D., Krishnamurthy, B. V., Erickson, T. J., Stibel, J. M. e Delgrosso, P. *Unconventional Wisdom in a Downturn. Harvard Business Review*, dezembro de 2008.

Keil, F. C. *Concepts, Kinds, and Cognitive Development.* Cambridge, MA: MIT Press, 1989.

Kidder, T. *The Soul of a New Machine.* New York: Atlantic-Little, Brown, 1981.

Kuhn, T. S. *A Estrutura das Revoluções Científicas.* Ed. Perspectiva, 8ª Edição, 2003.

Kurzweil, Ray. *A Era das Máquinas Espirituais.* Ed. Aleph, 2007.

_____. *The Singularity Is Near.* New York: Penguin Books, 2005.

Lenat, D. B. *Cyc: Toward Programs with Common Sense. Communications of the ACM* 33 (1990): 8.

Leroi-Gourhan, A. *Gesture and Speech.* Cambridge, MA: MIT Press, 1993.

Li, C. e Bernoff, J. *Fenômenos Sociais nos Negócios – Vença em um Mundo Transformado pelas Redes Sociais.* Ed. Campus/Elsevier, 2009.

Lichtenstein, S. e Slovic, P. *Reversal of Preferences Between Bids and Choices in Gambling Decisions. Journal of Experimental Psychology* 89 (1971): 46-55.

Locke, J. *An Essay Concerning Human Understanding.* 1690. London: Guernsey Press Co. Ltd., 1977.

Malt, B. C. *Water is Not H_2O. Cognitive Psychology* 27 (1994): 41-70.

Margolis, H. *Patterns, Thinking, and Cognition: A Theory of Judgment.* Chicago: University of Chicago Press, 1988.

McClelland, J. L. e Rumelhart, D. E. *Parallel Distributed Processing: Explorations in the Microstructure of Cognition.* Cambridge, MA: MIT Press, 1986.

Metcalfe, R. *Bob Metcalfe on What's Wrong with the Internet: It's the Economy, Stupid*. IEEE Internet Computing 1, no. 2 (1997): 6-17.

Miller, G. A. *The Magical Number Seven, Plus or Minus Two: Some Limits on Our Capacity for Processing Information*. Psychological Review 63, no. 2 (1956): 81-97.

_____. *On Knowing a Word*. Annual Review of Psychology 50 (1999): 81-97.

Minsky, M. *The Emotion Machine: Commonsense Thinking, Artificial Intelligence, and the Future of the Human Mind*. New York: Simon & Schuster, 2006.

Minsky, M. L. e Papert, S. A. *Perceptrons: An Introduction to Computational Geometry*. Cambridge, MA: MIT Press, 1988.

Montague, R. *Your Brain Is (Almost) Perfect: How We Make Decisions*. New York: Plume Books, 2007.

Moore, G. A. *Crossing the Chasm: Marketing and Selling High-Tech Products to Mainstream Customers*. New York: HarperBusiness Essentials, 1991.

Mountcastle, V. B. *Introduction: Computation in Cortical Columns*. Cerebral Cortex 13, N° 1 (2003): 2-4.

Nozick, R. *Philosophical Explanations*. Cambridge, MA: Harvard University Press, 1981.

Ohanian, H. C. *Os Erros de Einstein – As Falhas Humanas de um Gênio*. Ed. Larousse do Brasil, 2009.

O'Neill, E., Lavoie B. e Bennett R. *Trends in the Evolution of the Public Web 1998-2002, D-Lib* 9 (2003): 4.

Philip, B. A., Wu Y., Donoghue J. P., Sanes J. N. *Performance Differences in Visually and Internally Guided Continuous Manual Tracking Movements*. Experimental Brain Research, 2008.

Pinker, S. *Como a Mente Funciona*. Ed. Companhia das Letras, 1998.

_____. *Tábula Rasa – A Negação Contemporânea da Natureza Humana*. Ed. Companhia das Letras, 2004.

Pinker, S. e Mehler J. *Connections and Symbols*. Cambridge, MA: MIT Press, 1988.

Platão. *The Collected Dialogues of Plato, Including the Letters*. Hamilton E. e Cairns H., Eds. Trans. Lane Cooper and others. Princeton, NJ: Princeton University Press, 1961.

Plotnik, J. M., Waal F. B. M. de e Reiss D. *Self-Recognition in an Asian Elephant*. Proceedings of the National Academy of Sciences 103 (2006): 17053-17057.

Posner, M. I. e Raichle M. E. *Images of Mind*. New York: Scientific American Library, 1994.

Pottruck, D. S. e Pearce T. *Empresa Turbinada pela Web – O Crescimento Impulsionado pela Paixão no Mundo da Internet*. Ed. Campus, 2000.

Putnam, H. *Representation and Reality*. Cambridge, MA: MIT Press, 1988.

Reiss, D. e Marino L. *Mirror Self-Recognition in the Bottlenose Dolphin: A Case of Cognitive Convergence*. Proceedings of the National Academy of Sciences 98 (2001): 5937-5942.

Ries, Al e Trout J. *Posicionamento: A Batalha por Sua Mente*. Ed. Makron, 2004.

Rosch, E. e Mervis C. B. *Family Resemblance: Studies in the Interval Structure of Categories*. Cognitive Psychology 8 (1975): 382-439.

Russell, S. J. e Norvig P. *Inteligência Artificial – Uma Abordagem Moderna*. Ed. Campus, 2ª Edição, 2004.

Ryle, G. *The Concept of Mind*. Chicago: University of Chicago Press, 2002.

Simon, H. A. *Information Processing Theory of Human Problem Solving*. Em W. K. Estes, ed., *Handbook of Learning and Cognitive Processes*, vol. 5 Hillsdale, NJ: Erlbaum, 1978.

Schumpeter, J. A. *The Theory of Economic Development: An Inquiry into Profits, Capital, Credit, Interest and the Business Cycle*. Cambridge: Cambridge University Press, 1934.

_____. *Business Cycles*.

Serruya, M. D., Hatsopoulos N. G., Paninski L., Fellows M. R. e Donoghue J. *Instant Neural Control of a Movement Signal*. Nature 416 (2002): 141-142.

Shiller, Robert J. *Exuberância Irracional*. Ed. Makron, 2000.

Sloman, S. A., Over S. e Stibel J. M. *Frequency Illusions na Other Fallacies*. Organizational Behavior and Human Decisions Processes 91, no. 2 (2003): 296-309.

Smith, E. E. e Medin D. L. *Categories and Concepts*. Cambridge, MA: Harvard University Press, 1981.

Sowell, T. *Knowledge and Decisions*. New York: Basic Books, 1980.

Stibel, J.M. *The Effects of Associativity, Interconnectivity and Generation on Memory*. Tese 39090010918650b. Medford, MA: Tufts University, 1995.

_____. *The Role of Explanatory-based Feature Relations Among Artifact and Biological Kind Categorization*. Dissertação de Graduação 47191809. Providence, RI: Brown University, 1999.

_____. *Getting the User to Ask the Right Question and Receive the Right Answer: A Cognitive and Linguistic Science Approach to Searching the Internet*. Proceedings of the Twenty-first National Online Meeting, 21: 425-429, 2000.

_____. *Mental Models and Online Consumer Behavior*. Behavior & Information Technology 24, no.2 (2005): 147-150.

_____. *Increasing Productivity through Framing Effects for Interactive Consumer Choice*. Cognition, Technology & Work 7, no. 1 (2005): 63-68.

_____.*The Role of Explanation in Categorization Decisions*. International Journal of Psychology 41, no. 2 (2006): 132-144.

_____. *Discounting Do´s and Don´ts*. MIT Sloan Management Review 49, Nº 1 (2007): 5.

_____. *Categorization and Technology Innovation*, em Harnad and Dror, eds., *Cognition Distributed: How Cognitive Technology Extends Our Minds*. Amsterdã:

John Benjamins, 2008.

Stibel, J. M., Dror I.E. e Bem-Zeev T. *The Collapgins Choice Theory: dissociating Choice and Judgment in Decision Making, Theory and Decision* 66, N° 2 (2009):-149-179.

Surowiecki, James. *A Sabedoria das Multidões*. Ed. Record, 2006.

Taleb, N. *A Lógica do Cisne Negro: O Impacto do Altamente Improvável*. Ed. Best Seller, 2008.

Tancer, B. *Click: O que Milhões de Pessoas Estão Fazendo On-Line e Por Que Isso é Importante*. Ed. Globo, 2009.

Tapscott, D. e Williams, A. *Wikinomics: Como a Colaboração em Massa Pode Mudar o seu Negócio*. Rio de Janeiro: Nova Fronteira, 2007.

Truccolo, W., Friehs, G.M., Donoghue J.P. e L.R. Hochberg, "Primary Motor Cortex Tuning to Intended Movement Kinematics in Humans with Tetraplegia." *Journal of Neuroscience* 28, no. 5 (2008): 1163-1178.

Tversky, A. e Kahneman D. *Extension Versus Intuitive Reasoning: The Conjunction Fallacy in Probability Judgment. Psychological Review* 90, no. 4 (1983): 293-315.

_____. *Judgment Under Uncertainty: Heuristics and Biases. Science* 185 (1974): 1124-1131.

Vise, D. A. e Malseed, M. *Google - A História do Negócio de Mídia de Maior Sucesso dos Nossos Tempos*. Ed. Rocco, 2007.

Williams, R. W. e Herrup, K. *The Control of Neuron Number. Annual Review of Neuroscience* 11 (1988): 423-453.

Winograd, T., *Understanding Natural Language*. New York: Academic Press, 1972.

_____. *Language as a Cognitive Process*. Reading, MA: Addison Wesley, 1983.

Winograd, T. e Flores, F. *Understanding Computers and Cognition: A New Foundation for Design*. Norwood, NJ: Ablex Publishing Corp., 1986.

Wisniewski, E.J. *Prior Knowledge and Functionality Relevant Features in Concept Learning. Journal of Experimental Psychology: Learning, Memory, and Cognition* 21, no. 2 (1995): 449-468.

Wisniewski, E.J. e Medin, D.L. *On The Interaction of Theory and Data in Concept Learning. Cognitive Science* 18 (19994): 221-281.

Zey, M. *The Future Factor: The Five Forces Transforming Our Lives and Shaping Human Destiny*. New York: McGraw-Hill, 2000.

AGRADECIMENTOS

Meus sinceros agradecimentos a todos que reservaram um tempo em suas vidas para ler este livro. Confesso que, a princípio, escrevi ***Conectado pelas Ideias,*** **para mim mesmo** – era algo que precisava fazer. Sei que parece egoísmo da minha parte, mas é a mais pura verdade. Não vivo da atividade de escrever livros. Foi importante escrever este livro porque ele me ajudou a sintetizar meus pensamentos em relação a áreas que me fascinam: **ciência**, **negócios** e **tecnologia**. Considero-me como um **acadêmico que não deu certo**: sou parte cientista, parte filósofo, mas, sobretudo, um empreendedor. Foi difícil encontrar um bom equilíbrio entre minhas paixões e transmitir aquilo que me empolga no que faço todo dia. Este livro é o resultado disso. Espero que você goste.

Em geral, os agradecimentos incluem listas exaustivas de "reconhecimentos" obrigatórios e agregam pouco valor ao próprio livro. Para piorar, não existe um fundo musical que entra em cena para acelerar um autor, como aquele que ouvimos na entrega do Oscar, quando o discurso de um ator é longo demais. Não fugindo à regra, provavelmente me prolongarei mais nesta parte. Portanto, **sinta-se à vontade para interromper a leitura aqui.**

É redundante agradecer Dan Dennett e Jim Anderson (para isso, basta ler as páginas 1 a 216), mas tive outro mentor a quem dediquei pouca atenção neste livro - Dan Ariely. Dan foi meu conselheiro na MIT Sloan e é um amigo de longa data. Foi ele que me apresentou ao meu agente literário e me convenceu a escrever um livro. Não tenho como retribuir tudo que ele fez por mim e por minha carreira.

Seja por sorte ou mera coincidência, tinha a melhor combinação de editora, editor e agente com que um autor poderia sonhar. A Harvard Business School merece uma menção especial, não apenas por ser uma editora excepcional, mas também porque me deu a **flexibilidade** de escrever um livro pouco comum sobre negócios. Em grande parte, isso se deve ao empenho do diretor editorial da Harvard, Jacque Murphy. Sem Jacque e a equipe da Harvard, este livro não teria se concretizado. E sem a ajuda de meu agente, Jim Levine, este projeto não teria decolado. O que Jim e sua brilhante equipe fizeram para desenvolver este livro supera as expectativas de qualquer autor.

A lista de colaboradores é extensa, mas três pessoas se destacam, pois participaram de praticamente todos os aspectos do livro: Erik Calonius, Pete Delgrosso e Cheryl Stibel. Erik é um editor premiado, ex-chefe de divisão da revista *Newsweek*. Ele conheceu algumas das mentes mais brilhantes do mundo e editou inúmeros artigos e livros. Portanto, é um privilégio tê-lo como colega e amigo. Erik imprimiu sua marca neste livro de diferentes formas, seja com pesquisas, ideias ou conteúdo. Sua contribuição não pode passar despercebida. Pete é um executivo de negócios que trabalhou comigo em quase todas as empresas de que fiz parte. Ele opina sobre meus negócios como qualquer outra pessoa e colaborou para o sucesso de cada um deles. Ele também teve a infelicidade de frequentar a mesma escola que eu. Então, fora os membros da minha família, ele me conhece como ninguém. Pete fez uma vasta pesquisa para o livro, teceu comentários, forneceu estudos de caso e, em muitos casos, apresentou ideias que complementaram a tese central do livro. Finalmente, Cheryl, minha esposa, atuou como uma conselheira científica e me ajudou a conferir personalidade e um senso de equilíbrio ao livro. Cheryl tem formação em psicologia social e ajudou a manter acesa no livro sua perspectiva humanística. Ela também é minha verdadeira inspiração (mas falarei disso mais adiante).

As seguintes pessoas também dedicaram muitas horas do seu precioso tempo me ajudando em diferentes aspectos do livro, resultando no seu aprimoramento: Dan Ariely, Massi Ciaramita, Roseann Duran, Reade Fahs, Mark Goldston, Judy Hackett e David Landan. Agradeço também a cinco revisores selecionados pela Harvard. Como o processo de revisão é anônimo, registro aqui meu agradecimento coletivo aos revisores cujos comentários (por vezes gentis, outras vezes cruéis) contribuíram para melhorar a qualidade e o rigor do livro, além de tornar a leitura mais agradável. Destaco a colaboração de dois revisores que me procuraram quando o processo já estava concluído para oferecer comentários adicionais, saindo do anonimato: Itiel Dror e Pamela Goldberg.

Além das pessoas que dedicaram tempo diretamente ao livro, diversas outras pessoas influenciaram meu pensamento sobre negócios, ciência e tecnologia durante todos esses anos: Paul Allopenna, Darlene Amar, Diana Anderson, Peter Arrowsmith, John Assaraf, Adam Bain, Jack Balousek, Brett Baris, Avi Ben-Zeev, Sheila Blumstein, Scott Bogdan, Bill Borzage, Doug Bross, David Brown, Vance Brown, Ron Burr, Mike Callahan, Bill Campbell, Colin Campbell, Mark Cannon, Jon Carder, Kevin Carney, Richard Cashio, Gene Charniak, Richard Chechile, Peter Christothoulou, Helen Clancey, Jeff Coats, Matt Coffin, Clint Coghill, Paul Conley, Sky Dayton, Kevin DeBré, Tobias Dengel, Dave Dickinson, John Donoghue, David Dowling, Andrew Duchon, Carl Dunham, Cliff Dutton, Reade Fahs, Finn Faldi, Jordan Fladell, Michael Fuchs, Dean Gels, Efrem Gerzberg, Heidi Gibson, Jon Goby, Phil Goldsmith, Mark Goldston, Brian Graham, David Greenberg, Jonathan Greenblatt, Joe Griffin, Danny Gumport, Gary Hall, Dan Handy, Nicho Hatsopoulos, Randy Haykin, Barrett Hazeltine, Bill Heindel, Scott Hilleboe, Charles Hilliard, Mark Hodson, Rolla Hoff, Seymour Holtzman, Russ Horowitz, Gary Hromadko, David Hughes, Mike Janover, Mark Johnson, Paul Jordan, Mark Kaplan, Demetrios Karis, Tim Karman, Alex Kazerani, Ed Kelly, Tom Landauer, Bob Lee, Phil Lieberman, Mike Lunsford, Yvette Martinez, Michael Mathieu, Kenneth McBride, Matt McClure, John McIlvery, Nick McKay, George Miller, Jim Morgan, Chris Munro, Elliot Noss, Chris Nowlin, Larry Page, Sam Paisley, Barbara Palmer, Will Pemble, Jordan Pollack, Jerry Popek, Kamran Pourzanjani, David Rahmel, Fred Randall, Lock Reddic, Brent Reid, Steve Reiss, Ernie Riemer, Jim Riesenbach, Vikas Rijsinghani, Jim Risner, David Rosenblatt, Mark Ross, Bem Rubin, John Santini, Jeffrey Schwartz, Julie Sedivy, James Segil, Steve Sereboff, Bob Sezack, Eric Shashoua, Steve Siegal, Suren Singh, Peter Skopp, Steven Sloman, Sal Soraci, Jim Sorce, Aaron Stibel, Elaine Stibel, Gary Stibel, Joe Stubbs, John Suh, Joan Swanberg, Marc Tanner, Rusty Taragan, Mike Tarr, Jan Thomson, Jeff Tinsley, Gonzalo Troncoso, Doug Tutor, Bryan Whang, Joel Williamson, Jake Winebaum, Greg Wong, Brian Woods, Stanley Yang e Dave Yanks.

Para a maioria das pessoas, o que as motiva a ir trabalhar todos os dias é o **valor do contracheque**. Minha maior motivação são as **pessoas**. Mas ainda estou em busca de uma grande ideia, uma tecnologia inovadora ou um modelo de negócio desconcertante capaz de impulsionar uma empresa mais rápido do que uma grande equipe. Tive a sorte de trabalhar com alguns dos melhores profissionais nas áreas de negócios, ciência e tecnologia. Sou grato a cada um e a todos eles. Para não correr o risco de criar uma lista interminável, deixo aqui meu reconhecimento geral a todos os executivos, membros de Conselhos de Administração e funcionários das seguintes empresas: Simpli, United Online (NetZero, Juno, Classmates.com), Worldwide MediaWorks, ThinMail, The Search Agency, Zeo, Axon Labs, Applied Cognition Labs, MojoPages, Web.com, Interland, Website Pros, Autobytel, EdgeCast e BrainGate. Como em geral acontece, muitos dos indivíduos dessas empresas trabalharam comigo mais de uma vez. Estendo meu agradecimento especial às pessoas com quem tive o prazer de trabalhar junto em duas, três ou até mesmo quatro empresas.

Como já disse, o que me **motiva** a vir para o escritório todas as manhãs são **as pessoas maravilhosas com quem trabalho**. E o que me faz ter vontade de **voltar para casa** toda noite é **minha família**. Meus pais, meu irmão e meus parentes sempre me deram grande incentivo, acreditando na minha paixão pelo que faço. Mas minha esposa Cheryl é **minha verdadeira inspiração** e uma grande parceira em tudo que faço. Ela é gentil, compreensiva e brilhante. Enquanto escrevia este livro, a parte mais difícil foi passar tanto tempo longe dela. Ela também é uma mãe maravilhosa de duas das melhores crianças do mundo. Nada é mais gratificante e divertido do que estar ao lado deles.

ÍNDICE REMISSIVO

A

Abrams, Jonathan, 104, 105
AdSense, 52
Álgebra booleana, 40
algorítimos em mecanismos de pesquisa
 abordagens inteligentes codificadas em, 69
 pelo Google, uso de, 69, 74, 78–79
A Lógica do Cisne Negro (Taleb), 43
AltaVista, 62, 77
Amazon.com, xxvi, 20, 26, 51–52, 62, 86, 90, 132
American Express, 87
American OnLine (AOL), 90, 114–115, 122
amígdala, e pensamento prospectivo, 39–40
Anderson, Jim, xxx, 8–13, 15, 27, 86, 109
Answers.com, 74–75
antecipação, e processamento do cérebro, 36–39
Ariely, Dan, 43, 51
Armstrong World Industries, 95
ARPA, 146
Ask Jeeves, 86, 90
ativação por espalhamento, 84–85
atribuição de nome de domínio, 115
axônios, e processamento de informações no cérebro, xxi–xxii

B

Babbage, Charles, 24
Bell Telephone, 95–96
Berliner, Hans, 47
Berners-Lee, Tim, 62
Bezos, Jeff, 52
Blink (Gladwell), 48–49, 51
Boston Globe, 125–126
BrainGate, xii–xiv, 125–126
Brin, Sergey, xxvi, 77, 78
busca do Google sobre
 computação nas nuvens, 19–20
buscas, Internet
 algoritmos inteligentes usados por mecanismos de busca em, 69
 ambiguidade de palavras e, 85–86
 classificação de páginas em, 77–79
 dados de usuários mantidos em, 53–54, 122-124
 linguagem e, xxix, 68–70, 80–86
 links e listagem de resultados em, 90–91
 spiders usados em, 69, 72–74, 90–91
BusinessWeek (revista), 21

C

caching, 61–62
Carnegie, Dale, 119
Carnegie Institute, 45
cegueira aos banners, 72
Centros Norte-Americanos de Controle e Prevenção de Doenças, 124
cérebro, 1–16
 associando fisicamente a Internet e, xii–xiv, 125–126
 cálculos feitos por, xxviii–xxix, 4
 como máquina pensante, 3–16
 como uma máquina de previsão, xxviii–xxix, 37–40, 43–44

como uma máquina pensante, 40
computador diferente de um
cérebro, xvii
conceito "a Internet é um
cérebro", 10-11
conceito "a Internet é um
cérebro", xix-xxvii
conexões entre informações
em, xix-xx
criação e destruição da memória
em, xxviii, 55-62
erros de categorização e, 128-130
estrutura da Internet semelhante à
infraestrutura de, xxii-xxiii
evolução de, xxi-xxii, 22-24, 67-68
intuição e, 34-35, 40, 48-49
looping, processo iterativo de
pensamento e, 7-9
neurônios e processamento em, xx,
65-67
número de, no cérebro, xx
pensamento prospectivo por, xii,
39-40
processamento da Internet
semelhante ao processamento
por, xvii-xviii
processamento paralelo em, xx,
11-13, 14
Chase, 87
Chertoff, Michael, 115
Christensen, Clayton, 58-59, 61
Christophe Bisciglia, 20
Cinematch, Netflix, 33-35, 35
Clapton, Eric, 7-8
Classmates.com, 103-104, 108
CNN, 125
computação nas nuvens
busca do Google sobre, 27-28
Internet e, 28
computador
cérebro diferente de um
computador, xviii
computadores
desenvolvimento da Internet e
apresentação de, xxiii-xxiv
esforços da computação nas nuvens
do Google envolvendo, 19-20,
27-28

infraestrutura do cérebro semelhante
à estrutura da Internet com, xxii-
xxiii
Conrads, Randy, 104
consciência coletiva, e Internet, xxix,
136-138
Consciousness Explained
(Dennett), xxx
corpo celular, e processamento de
informações no cérebro, xxi-xxii
córtex cerebral
evolução de, xxi-xxii
processamento paralelo por
neurônios em, 15
processamento paralelo por
neurônos em, 13
córtex visual, e pensamento
prospectivo, 39-40
crawler, 69

D

Darwin, Charles, 22-23
Dateline NBC, 107
Dawkins, Richard, 22-24, 68
Dean, Mark, 20
De Cabeça Aberta (Johnson), 52
Deep Blue (computador), 47
dendritos, e processamento de
informações no cérebro, xxi-xxii
Dennett, Daniel, xxx, xxxi, 5-8, 9-10,
38, 68, 75, 140
desambiguização, 83
Descartes, 130-131
diagramas de Venn, 40
Dilema da Inovação (Christensen), 23,
58-59, 61
Dilema de Monty Hall, 50-51
DNA, xvii
documentos de hipertexto, 65
Donoghue, John, xii-xiv
Drucker, Peter, 22
Dryad, 29

E

eBay, 62
educação *on-line*, 132
EDVAC (computador), 25-26

Índice Remissivo

Einstein, Albert, 119
Eisenhower, Dwight, 49
Emergência (Johnson), 52, 99
Emotiv, 125-126
empresas médicas, 124
Enigma (computador), 25
Entertainment Weekly (revista), 104
Ersatz Brain Project, 13-15, 27
Ethernet, xxvi-xxvii, 94
eUniverse, 103-104
evolução
    da tecnologia, xxiii-xxiv, xxviii, 20-22
    do cérebro, xxi-xxii, 22-24
    dos *memes*, 67-68
Expédia, 132

F

Facebook, xxvi, 93, 96-97, 108, 136
fakesters, 105-106
fazenda de multiprocessadores, 19-20
Fora de Série - *Outliers* (Gladwell), 8
Founder's Fund, 108
Franklin, Benjamin, 21, 35
Freud, Sigmund, 79
Friendster, 104-106, 108
Full House (Gould), 58

G

Gammonoid (robô), 46-47
Gates, Bill, 29
Gene Egoísta, O (Dawkins), 22-23
Gigerenzer, Gerd, 35, 49-52
Gilder, George, 26, 95
Gladwell, Malcolm, 8, 48-50
Goldberg, Elkhonon, 36-37, 56
Goleman, Daniel, 40
Google, xxvi, 17, 52, 62
    abordagens da inteligência codificadas em mecanismos de pesquisa por, 69
    algoritmos de mecanismo de pesquisa usados por, 69, 74, 78-79
    computação nas nuvens, 19-20, 27-28
    fábrica de multiprocessadores em, 19-20

sistemas de propaganda de, 85-86
software de classificação de páginas de, 91
spiders usados por, 72, 74, 89-90
uso de *links* e pesquisas pelo Answers.com, 74-75
Gordon, Barry, 119
Gore, Al, 95-96
Gould, Stephen Jay, 43, 58

H

heurística, 46
Hofstadter, Douglas, 7
Hogan, James, 41
Home Shopping Network, 59
Hooker, Joe, 48-49
HSBC, 87

I

I Am a Strange Loop (Hofstadter), 7
IBM, 20, 47
infomerciais de TV, 59
inteligência animal, 130
inteligência artificial
    jogos por computadores e, 46-48
    uso do termo, xxv
inteligência humana
    capacidade de cálculo e, 5
    Dennett sobre, 5-8
    looping, processo iterativo de pensamento e, 7-9, 28
inteligência, Internet, 28-30, 31-44, 45-54, 55-62
    capacidade de cálculo e, 5
    evolução de, xxv, 29, 132-137
Internet
    capacidade de cálculo e, 6
Internet Corporaton for Assigned Names and Numbers (ICANN), 116
Internet e
    dados de busca do usuário mantidos e, 122-124
Intuição, 34-35, 40, 48-49
iPhones, 132
iTunes, 86, 123

J

Jacobs, Jane, 99–100
James, William, 119–120
jogo por computadores, 47–48
Johns Hopkins, Escola de Medicina, 120
Johnson, Steven, 52, 99
Juno, 52, 61–62, 115

K

Kahneman, Daniel, 50
Keynes, John Maynard, 57
Koko, 130
Koogle, Tim, 104
Kosmix.com, 136
Kurzweil, Ray, 26, 131–132

L

Language as a Cognitive Process (Winograd), 78
Lee, Robert E., 48–49
Lei de Metcalfe, 95, 136–137
Lei de Zipf, 85–86
Lenat, Doug, 139–140
Leroi-Gourhan, André, 23
linguagem, e buscas na Internet, xxix, 68–70, 80–86
looping, processo iterativo do pensamento e, 4, 7–9, 28

M

Mahalo, 86
mapeamento cerebral, 120
MapReducer, 20–21, 27–28
máquina pensante
    cérebro e, xxv, 3–16, 40
    desenvolvimento da tecnologia da computação em, 24–26
Margolis, Howard, 4–5
marketing
    decisões de compra na Internet e, 51–52
    sistemas de exibição de propaganda e, 52–54
Mark I (computador), 25
Markoff, John, 139
McCarthy, John, 46
Mead, Margaret, 119
Mecanismo de antecipação, 36
mecanismo de busca BackRub, 77
Medalha Nacional de Ciências, 80
memes egoístas, 23, 79
memória
    caching na Internet e, 61–62
    criação e destruição de, xxviii, 55–62
    neurônios do cérebro e, 26
    propaganda e compreensão de, 59–60
    teorias de von Neumann sobre, 25–26
metatags, 72
Metcalfe, Bob, 94, 113–115
Microsoft, xxvi, 20, 26, 28, 90, 108
Miller, George, 11, 80–82
Minsky, Marvin, 47
Montague, Reed, 24
Moore, Gordon, 26, 135–136
MSN, 90
Mumford, Lewis, 99
Murdoch, Rupert, 105–106
MySpace, 93, 103–109, 112–113

N

Nature (periódico), xiii
negócios
    dados de busca do usuário mantidos e, 53–54
    Internet e, 119–126
    Semelhanças entre o cérebro e a Internet compreendidas por, xxvi–xxviii
neocórtex, e pensamento prospectivo, 39–40
Netcom, 61
Netflix, 33–35, 40
Netscape, 62
NetZero, 52, 61–62, 115
Neurônios
    mecanismos de, 66–67
    memória e, 26
    processamento paralelo por, 13
    redes de modelagem de *software* de*software*, 13–15
Newell, Allen, 46
News Corp, 105–106
número de Dunbar, 113
número mágico de Miller, 113

P

Page, Larry, xxvi, 77-79
PageRank, 91
Palmisano, Ken, 20
Paradoxo da Sabedoria, O
   (Goldberg), 36-37
Patchett, Ken, 18
pensamento
   cérebro e, 3-16
   looping, processo iterativo de, 7-9, 28
pensamento prospectivo, no
cérebro, xii, 39-40
Pinker, Steven, xvii, 25, 39, 81, 131
Platão, 38
Pólya, George, 46
Pont, Pierre Du, 22
Pope, Alexander, 42
portais dinâmicos, 136
Portal *software*, 61
Potter, Gavin, 33-35, 36, 40
previsão, 43-44
   cérebro como uma máquina de
      previsão, xxviii-xxix, 35, 37-40,
      43-44
   decisões de compra na Internet
      e, 51-52
   Internet e, 51, 124
   previsão e, 43-44
   sistemas de exibição de propaganda
      e, 52-54
   volume de informações na tomada de
      decisão e, 47-50
processamento paralelo
   fazenda de multiprocessadores do
      Google para, 19-20
   processamento de informações
      pelo cérebro semelhante, xx-xxi,
      11-13, 15
   reconhecimento de padrão e, 11-12
propaganda
   infomerciais de TV, 59
   informações do consumidor sobre
      a Internet e anúncios exibidos
      em, 52-54
   memória e, 59-60
   sistemas Google de, 85-86

Provedores de Serviços de Internet
   (ISPs), 61
PSINet, 61

R

rastreadores oculares, para estudos de
   uso da tela do computador, 72
rastreamento ocular, 71-72, 153
Reconhecimento de padrão, 11-12
redes sociais, 96-97, 103-116
Robinson (computador), 25
Rosenblatt, Richard, 103, 105

S

Schmidt, Eric, 20-21, 28
Schumpeter, Joseph Alois, 57-58
Search Agency, The, 59
Second Life, 136-137
série *De Volta para o Futuro* (filmes), 43
Shortcuts, 127-128
Simon, Herbert, 44, 45-47
Simpli.com, 11, 52-54
Sloan, Alfred, 22
Smith, Adam, 22, 57
spiders, 69, 72-74, 90-91
Spielberg, Steven, 43
Spitzer, Eliot, 127
supercomputadores, 3-4
SuperPages, xxvi-xxvii, 9-10
synsets, 83

T

Taleb, Nassim, 43
tecnologia
   disruptiva, 58-59
   Internet e evolução de inovações
      em, xxiii-xxiv, xxix, 20-22, 29
   Telégrafo, e processamento na
      Internet, xxiii
   Teoria das Formas (Platão), 38
   Theory of Economic Development,
      The (Schumpeter), 57-58
The Economist, 105
The New York Times, 122, 139
Thomas, Lowell, 119
Thomson, Jan, 120-122

Time (revista), 104
tomada de decisão
   decisões de compra na Internet
     e, 51–52
   dilema de Monty Hall e, 50–51
   volume de informações em, 47–50
3Com, 94, 113
Turing, Alan, 24–25
Tversky, Amos, 50
Twitter, 93

U

Understanding Computers (Winograd), 78
Understanding Natural Language (Winograd), 78
Universidade Brown, xii, 10, 65, 129–130
Universidade de Phoenix, 132
UUNET, 61

V

Vail, Theodore, 95–96
Verizon, xxvi–xxvii, 9–10
Vila, Bob, 88
Villa, Luigi, 46
von Neumann, John, 25–26

W

Web.com, 26
WebMD, 124
Wi-Fi, 132
Wikipedia, xxvi
William James, 133
Williams, Brad, 55
Winograd, Terry, xxvi, 78
Wired, 126
Wired (revista), 26, 34
WordNet, 80–84
World Wide Web
   documentos de hipertexto usados em, 65
   infraestrutura do cérebro semelhante à estrutura da Internet com, xxii–xxiii

Y

Yahoo!, xxvi, 20, 26, 77, 86, 90–91, 108, 114, 127–128
Your Point of View.com, 87
YouTube, 93, 116

Z

Zeo, 125–126
Zuckerberg, Mark, 108–109

SOBRE O AUTOR

Jeffrey M. Stibel é um cientista do cérebro e empreendedor que ajudou a criar diversas empresas de capital aberto e fechado. No momento, ele é presidente da *Web*.com, uma empresa de capital aberto que ajuda empreendedores a iniciar e expandir seus negócios na *Web*. Ele também é *chairman* da BrainGate, uma empresa especializada em implantes no cérebro que capacita pessoas para o uso do pensamento para controlar dispositivos elétricos. Ele atua no conselho consultivo de diversas empresas de capital aberto e fechado, bem como no conselho acadêmico das Universidades Brown e Tufts. Jeff Stibel obteve seu Ph.D. na Universidade Brown, onde conseguiu uma bolsa de estudos da BBI (Brain and Behavior Initiative). Ele também estudou negócios na Faculdade de Negócios Sloan, da MIT (Massachusetts Institute of Technology).

DVS EDITORA

www.dvseditora.com.br
São Paulo, 2012